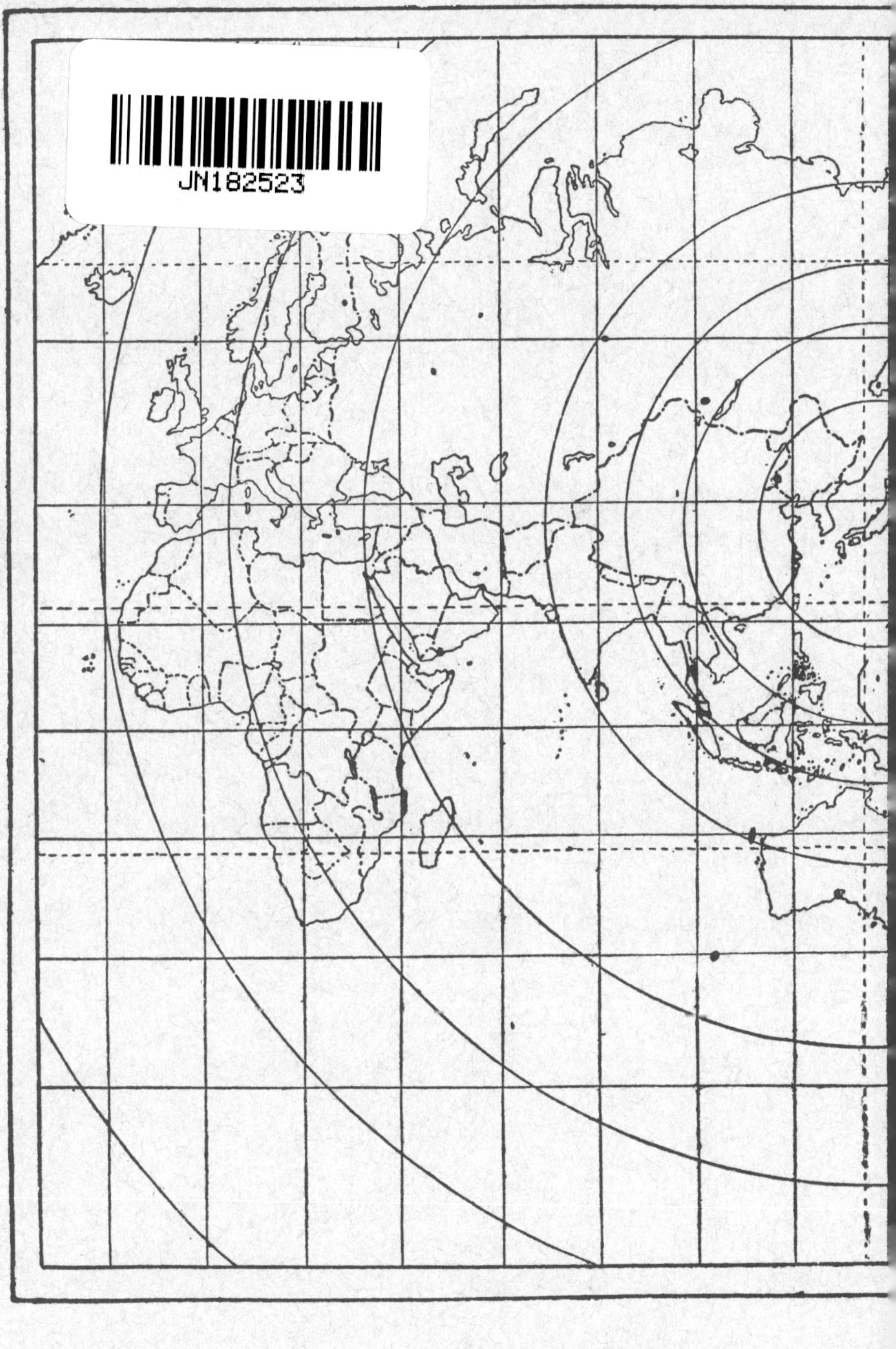

仲小路 彰 著

太平洋防衛史

（1）

世界興廢大戰史
東洋戰史
第三十二卷

戰爭文化研究所

仲小路彰は「世界興廃大戦史」全百二十一巻を計画し、その内の四十三巻を出版した。本書はその中の一部である。

本書の内容の一部に、現在では不適切な表現があるが、復刻版としてそのまま収録した。

孝明天皇御製

毛利慶親にたまへる　文久元年

國の風吹きおこしても天つ日を
もとの光にかへすをぞ待つ

文久のはじめの年季冬、物部の忠魂、磐石をもつらぬく利劍送りこせること、時世にあたり、實に憂患をはらふ志と頼もしく思ひつゝよめる和歌　文久元年

世を思ふ心の太刀と知られけり
さやくもりなきもののふの魂《たま》

白露

磐るとはつゆも思はぬ我が庭に
誰が白銀のたまをまきしぞ

序

本卷は幕末維新に際し、安政五年の安政の大獄より文久二年の公武合體の成立までの時代を展望せるものであり、この時期こそ、その間に櫻田門外の變、日本人の太平洋渡航、或は洋夷殺害等の事件の瀕發せる尊皇攘夷運動の益〻激烈ならんとする反撃の抑ふべからざる旺盛なる氣運を見るのであつた。

すでに英米の太平洋侵略の恐るべき計畫は、ペルリ、ハリスの強制條約、或は英露の對馬占領等のことあり。このため勅許を經ざる條約の調印は、國內人心の憤激を愈深刻ならしめ、今や幕府もこの狀勢には到底抗し難く、自ら海軍の必要を認めて、海軍傳習所の成立を見たのであつた。

かくて日本は、それまでの歐米の太平洋侵略のあくなき野望に反抗し、いかにそれを阻止しいかにそれを抑壓するかの、積極的防衛を實現せんとする新しき時代に入り、このためには當時の最も支配者なる力を有せる井伊大老の、内には強く安政の大獄を行ひながら、外には弱き屈辱外交の打倒を必須とし、また勅許をもお受せずして專行せる臣道を誤まれる彼の不法の態度を徹底的に彈劾することのみが、時代の眞の正しき方向を打開する唯一の道であつた。かくて櫻田の變は、日本をして消極退嬰的なるものより、積極反攻的なる方向へ進展せしめたる決定的なる契機をなせるものであり、この故に、世界史上、極めて重大なる事象なることを知るのである。

さらに和宮御降嫁による公武合體のことは、すでに、幕府が單獨にては到底國難に衝り、それを解決し得ざる無力を暴露せるものであり、幕府政治は、まさにその時に、事實上否定されるに至つたのである。

ことに尊皇攘夷の決行が、米英世界侵略に抗する最後の一線の防衛であり、悲壯なる死守であり、これありてこそ、世界史轉換の發端をなせることに深い意味を認むべきである。

まさに安政の大獄は、それ自ら幕府の自殺的行動に外ならず、その絶望的不安をもつて、徒らに焦燥と疑惑とに悶へしめ、その不法冷酷なる抑壓を敢てなせることこそ、却つて志士側の方面から、その悲劇を通じての大いなる維新回天の結實たらしめしことを注視しなければならない。

なほ櫻田の變が單に水戸對井伊の如き問題に限定すべきではなく、それが大なる世界史的意義を有せることを明かに認識すべきである。

かくてこそ、太平洋橫斷の壯擧、日本近代海軍の創建は、英米太平洋侵略に對する最大の反撃として準備されしものであり、こゝに太平洋防衛の最強の凝集を見るのである。

著　者　識

目次

第五篇　日本開港の初期……一六七

第一篇　安政の大獄

第一章　橋本左内の捕縛

安政の大獄は、太平洋防衛のために蹶起せる志士を彈壓せるアジア復興の大なる恨事であつた。まさにそれは米英太平洋侵略の怒濤に毅然として屹立する大和島根の巖頭に激せる壯絶せる飛沫であつた。

水戸派たる松平慶永の命を受け、安政五年、京都に出で、大に活躍した橋本左內は、藩主松平慶永の隱居と共に、左內の動靜は井伊派の警戒するところとなつた。十月二十二日――町奉行の屬吏數名が、彼の家を襲ひ、家宅搜索をなし、文書を沒收し、翌二十三日、町奉行石谷因幡守によつて召喚された。それ以後、瀧勘藏に預けられて謹愼せしめられた。

彼は捕縛されんとせる時、悲痛なる一辭を賦し、

至誠、天に通ず

幽囚甘んじて就く是れ微忱
誰れか道ふ、途窮つて竟に擒となるを、
母を奉じて慰養を虧《か》くを憂ふといへども
君のため偏へに願ふ愁霧《きん》を掃ふを。
忠を盡し節を全ふして身恥なく
古を懷ひ今を傷みて悶禁じがたし
豈に呶々を費して流俗に向はん
皇天皇土、我が心を諒せん

安政六年一月八日、二月十二日、三月四日、七月三日の四回の訊問あり、十月二日、評定所にて審問され、傳馬町の獄に下され、十月七日、遂に死罪の宣告を受けたのであつた。
安政六年同じ獄中に血盟の同志吉田松陰の在るを知り、彼のため詩を賦し
吉田松陰に贈る
曾て英籌を聽きて鄙情を慰む

君を要して久しく同盟を訂せんと欲す
碧翁狡弄、何んぞ恨みを限らん
春帆をして太平を颿《は》せしめざりしを

又

磊落軒昂、意氣豪なり
聞言らく、それ君が膽、毛を生ずと。
想ひ看る痛飲京城の夕
腕を扼して頻りに睨む日本刀

かくて或は松陰の先きの踏海の壯擧を讃し、また今度の間部詮勝暗殺の意氣を嘆じた詩である。勤皇志士の眞の友情が烈々と奔出するを見る。

第二章　水戸派の彈壓

十月四日――幕吏は、水戸藩に親交ある學者藤森天山を拘引した。かくて徹底尊攘派たる水戸藩は必ずや幕府の彈壓あるを知り、これに對する防衛運動を開始した。

京都にて捕へられし志士は、十二月五日、小林、鵜飼父子が、江戸に護送され、十二月二十五日には、梅田、飯田等が送られた。

しかも安政六年四月二十四日――水戸家家老安島帶刀、藩士加村儀太郎、茅根伊豫之介、鮎澤伊太夫、柏一郎が幕府に召喚された。

今や水戸藩は鼎の沸騰する如く、憤激火の如く燃えた。

すでに安政五年七月五日以來、水戸齊昭は駒込邸に幽閉され、水戸慶篤は登城差控を命ぜられて、如何んともするを得なかつた。

しかも安政六年八月二十七日――幕府は家老中山信寶、家老宇都宮憲綱等を指名して、城中に召喚した。

さらに幕府の上使は、水戸藩小石川邸に赴き上意を傳へた。

「水戸前中納言御事、國家の御爲筋の儀仰立られ候は、御當然の儀に御座候へども、御建白の御次第、御取用無之迚、御家來の者を以て、御見込の筋、品々京都へ仰立られ、加之、御養君の儀に付て、輕き者共堂上方を取繕候始末、關東御暴政の筋に申成し、人心惑亂致させ、譏奏ヶ間敷事より終に重き勅諚を、輕き輩の手に取扱はせ、且綸旨を懇願等に及候事、公武の御確執、國家の大事を釀候筋にて、不二容易一儀、假令御家來の者ども、御内存を察し、私に周旋致し候儀に候とも、素と御心得方不レ宜より、右體の次第に至り、公義に對せられ御後闇き御處置に候。依之急度仰せ付けらるべきの處、今度重き御法會も濟せられ候に付、格別の思召を以、水戸表へ永蟄居仰出され候事。」

また水戸慶篤に對しては

「水戸中納言御事、前中納言殿京都へ種々御内通之れあらせられ候より、御家來の者共、御意内相察し、不二容易一企に及び候次第、公義に對せられ、總て御後闇き儀にも有之、御父子の御間柄御據ろ無き儀とは申しながら、御取計ひも可レ有レ之處、其儀無レ之、就ては御家來の者ども、嚴重に御取締可レ有レ之筈の處、無二其儀一、剰へ御家來末々の者迄、多人數出張いたし、右取鎮方も御不行屆の至りに付、急度仰出さるべきの處、是迄追々御配慮も之れあらせられ候上の事にて、御情實止事を得られざる御場合に相聞候。依之格別の思召を以、御差扣之れあるべき旨仰出され候」

また一橋慶喜に對しても

「思召有之に付、御隱居御愼仰付られ候」

なほ水戸の親藩たる松平讃岐守、松平大學守、松平播磨守に對しても、

「其方共水戸殿御家の儀に付ては、御沙汰の趣も有之、厚く心配致し候段は聞召し屆られ、尤に思召され候へども、前中納言殿御心得違より、家來の者迄、不二容易一企てに及び、且水府表の者、公儀を憚らず、御府内近郊へ多人數出張に及び候の次第、其方共の身分にては、御沙汰を相待候迄も無之、取締向急度申付方も可レ有レ之處、其儀にも不レ及、不行屆の段、如何と思召され候。」

水戸家の家老中山備前守には

「其方儀家柄をも相辨、兼々厚心得方も可レ有レ之候處、此度前中納言殿御心得違より御家來共、不二容易一企に及候段、附置かれ候詮も無之、不行届の至に思召候。依之急度仰付らるべき處、未だ若年の儀、別段の御憐愍を以、指扣之を仰付けらる」

この八月二十七日には、水戸齊昭の最も信頼したる家老安島帯刀を切腹に、家臣、茅根伊豫之介、鵜飼吉左衛門を死罪に、同鵜飼幸吉を獄門に、同鮎澤伊太夫を遠島に處した。

また同時に、鷹司家臣小林民部大輔を遠島に、儒者池内大學を御追放に、近衛家老女村岡を押込の刑に處した。

是より先き、安政五年秋、伏見奉行内藤豊後守は、自ら二百餘人の家來を率ゐ、梅田雲濱の家を圍み、雲濱の病床にあることを知るや、表裏の戸口を破り、一度に十餘人の捕吏が亂入して、彼を逮捕した。雲濱はすでに此の事あるを豫期し、重要書類は悉く火に投じたる後にて、從容自若、靜かに――拙者に縛せずとも敢て逃るる者にあらず、暫く待て、と云ひ、病床にて亂れたる髮を結ひ、鬚を剃り家

人に別れを告げ、訣別の和歌を殘して

契りにしそのあらましも今は唯
思ひ絶えよと秋風ぞ吹く
君が代を思ふ心のひとすぢに
わが身ありとも思はざりけり

悠然として縛に就き、伏見町奉行所に入つた。當時一代の學者と稱されし雲濱の家には、たゞ「新葉和歌集」一册、「左傳」數册の外、何の書籍も存しなかつた。

「雲濱就縛」の報飛ぶや、尊皇攘夷の志士等は大いに憤激、直ちに自衞の策を講じたが、しかも安政五年九月十九日より二十二日の間に——頼三樹三郎、宇喜多一蕙、伊丹藏人、飯田左馬、藤井民部、高橋兵部、山田勘解由、兼田伊織、三田大學、入江雅樂頭、丹波豐前守、森寺因幡守、春日讃岐守、藤井但馬守等の諸士、諸卿も一網打盡され、或は山科出雲守、老女村岡、六物空萬、月照の弟成就院信海等も捕へられた。

江戸にても、十八日には飯泉喜內、山本貞一郎の妻豐を捕へ、二十七日には日下部三次、十月四日には藤森弘庵も縛せられた。

第三章　水戸派の死刑

安島帯刀の宣告

水戸家老
安島帯刀

右之者儀、御館より一橋家御相續有之候當刑部卿殿、御養君に仰出され西丸へ御直りあらせらるべきやとの儀、兼々風聞等承および候處、近年専ら右世評等有之此上自然天運に叶はれ、右の通御治定相成候はば、此上無く恐悦の御儀と、一藩難有義に存居、右風聞の趣、折にふれ前中納言殿へ入二御聽一候處、右様の儀申唱候もの有之候とも、程よく申消し、猥りに口外等致間敷、寄々藩内のものども心得違無レ之様申聞可レ置旨、無ニ急度一御沙汰有之候處、右申上候節、御氣色も御不興と申すにも無之、右は紀伊殿もあらせられ候御儀に付、右樣御沙汰は有之候へども、自然世評の通相成候はば、御滿悅可ニ思召一旨、普通の人情を以、御意內を推量、兼て口外をもいたす間敷旨命ぜられ候趣申立ながら、假令外用向申遣候文通端書に候とも、同じく家來在京役鵜飼吉左衞門、幷同人悴鵜飼幸吉へ、右世評の趣、大慶同意の旨等書加申遣し、同藩茅根伊豫之介より、同樣の儀に付、猶勘辨可レ致旨、右吉左衞門父子へ申遣はし候趣、追て伊豫之介より、噂および候をも、其儘にいたし置、且去午（安政五年）七月中右之御家來、當時松平薩摩守家來、日下部伊三次上京の砌、市中酒店において、及ニ出會一候は、餞別迄の事と申立候へども、既に同人上京の上、吉左衞門父子申合不ニ容易一儀堂上方へ入說いたし、傳奏衆より同人に勅諚御渡相成候次第に至候上は、全く餞別迄との申分紛しく、其上去午年九月十八日鵜飼父子より、此もの宛の書狀二通、幷に日下部伊三次宛、此ものの方迄差出候書狀、都合三通の文意にても、是迄專ら彼もの共より、同意相働候的證相見、一體御養君の儀は、御大切の御儀にて、たとへ御主君御內命有之候義に候とも、御諫言をも可レ申職掌の處、却て御內意を推察致、右體鵜飼父子へ文通におよび候處より、猶右のもの共京地にて種々奸計を廻らし、公武御確執にも可レ及場合に至り候段、對ニ公儀一不レ輕儀　右始末不屆に付、切腹。

鵜飼父子の處刑

水戸殿家來
鵜飼吉左衞門
同人悴
鵜飼幸吉

右之者共儀、外夷御取扱向の儀に付、前中納言殿思召の趣、御認め有之候御直書等度々同藩茅根伊豫之介より指越、右御書は烏丸下長者町上る町芳兵衞借家儒醫池内大學を以て、靑蓮院宮、三條家へ指出候樣、前中納言殿御内命の由をも、伊豫之介より申越、右は國家の御爲筋と相心得候へども、御政事向へ拘候重大の儀に付、一概に宮堂上方へ書面指出候義は、對二公儀一御斟酌も可レ有レ之筋に付、取計方も可レ有レ之の處、其度々大學を以、右向々へ内見に入る。

殊に去午(安政五年)四月比、御養君の儀に付、世上區々の風聞有之候折柄、一橋刑部卿殿、年長賢明の御方に付、御同人に御治定相成候はゞ、天下の御爲、且水府の御爲にも可二相成一勘辨可レ致旨等、伊豫之介より書狀を以て申越、又は其他同藩側用相勤候、安島帶刀よりも刑部卿殿御養君に成らせらるべきやの儀路傍の風聞も有之、難有旨等申越候儀も有之、右御運びにも相成候はば、前中納言殿御滿足にも思召さるべきやと存居候段、一藩同意に付、密に御意内を推量、此者とも申合せ、是又池内大學を以、青蓮院宮、三條家へ右書狀差出し、又は前中納言殿御愼仰出され候に付、御愼解相成候樣、其外御同人御罪狀御所向より關東へ御尋有之度旨、是又大學を以て、三條家へ内願いたし、或は松平薩摩守家來日下部伊三次も同樣同願として上京いたし、同人義は前中納言殿御内命を受け御所向手入いたし候事の由申聞候儀も有之候よし。此のもの共においても、彌決心。猶伊三次申合せ、頻に周旋いたし候故、既に水戸殿へ重き勅諚御差出、吉左衞門へ御渡相成候次第に至る。

殊に幸吉は右勅諚伊三次一同守護出府いたし候節、小瀨傳左衞門と申し變名相名乘罷下、其上重き御品柄に付、著の上は直ぐ樣御殿へ差出すべき處、小石川春日町旅人宿長右衞門方へ一旦著、追て安島帶刀宅へ密々持參、同人へ相渡候段、御品柄へ對し不敬の至り剩へ幸吉は水戸殿においても、右勅諚諸家へ廻達は勿論、尊奉等も無之由を以、御所向より右催促有之樣、又は綸旨御差下相成候樣、周旋方の儀、伊三次より申越、或は紀州殿用達町人世古格太郎よりの書狀の趣にも　先達て御差出有之候勅諚に有之抔申越候迚、右書面持參、鷹司殿家來小林民部權大輔方へ罷越、綸旨御差出方の儀、頻に相望候節、只管願意遂ぐべきため、世上へ浮說等取受、重き御役人の身分等の儀輕からざる譬を以て、同人より品々、論談いたし、或は至て恐多事共をも、民部權大輔へ申聞相頼剩へ右體不ㇾ容易ㇾ綸旨の儀相望候は、主命か自己の周旋に候やの旨、同人より尋受候節、主命に有之の旨取繕答に及び候段、縱令右綸旨の儀は、事を遂げず候とも、公儀を恐れざるいたし方。

右始末幸吉は別ての儀、兩人とも不屆至極に付、幸吉は獄門、吉左衞門は死罪。

小林良典の處刑

京都にあつて、水戸派、橋本左内等と結託して大いに尊皇のために活躍したる小林良典に對する宣告は

鷹司殿家來

小林民部權大輔

其方先の松平越前守家來橋本左內事、其節桃井伊織と變名致し居候段は存ぜずとも、鷹司殿家來三國大學儀、一橋殿を御養君と御名差の勅令、關東へ御差下相成候樣取計方の儀、右左內事伊織よ

り勅受候間、主家へ申立呉候樣申聞け、追て同人大學同道罷越、前同樣賴聞候節、左內事伊織よりの賴にては、如何と心附候程の儀にあるならば、急度可二申斷一處、右越前守より大學迄の直書にても、差越さず候ては、取計ひ兼候旨一已に答に及び、其後越前守より右願筋申越す直書の趣を以、大學より相廻候とて、右書面太閤殿（鷹司數道）へ差出候處、御養君御名差は六ヶ敷、早々御治定相成候樣關東へ御進められ候儀は、出來可レ致旨、御同人申聞けられ候とも、其段大學より申達、又は水戶殿家來吉右衞門悴鵜飼幸吉儀、御同家へ賜候勅諚、諸家へ廻達相成るべく候は、重き御役人等の奸計故に候樣、其外風聞の趣まで、品々不レ穩儀とも申聞、右大臣殿（鷹司輔熙）御取計を以て前中納言殿、登城有之、勅諚尊奉の御取計向相成候樣御書載、御同人への綸旨、頂戴いたし度若又左樣の綸旨調がたくならば、勅諚尊奉の御催促、內覽（近衞忠熙）の命にて仰遣され度旨、主命の趣を以、幸吉賴候とも、不二容易一儀に付、主家へ申立、取計方も可レ有レ之處、譬へば掃部頭殿（井伊大老）一發切込もの有之節は、亂に可二相成一、其節は亂を鎭候爲め、綸旨御指出相成べきや抔答に及び候段、同人申談じ候言語に風と泥み、譬迄とは乍レ申、右體不レ穩儀を、麁忽に幸吉へ申聞其上同人相尋候とて、御所向の風聞、其外主家御噂の趣等、品々申聞かせ、或は御所向御評議の模樣、三條家聞繕ひ遣す段、右體不二容易一儀取持候處より、公式御確執にも及ぶべき場合に至、終に主家の迷惑にも相成る始末、旁々不屆に付、遠島申付る。

日下部伊三次の死

水戸へ勅諚降下のため大いに奔走これ努めた薩藩の日下部伊三次は、九月二十七日、江戸にて捕へられ、同十二月廿七日、獄中にて拷問のため病死した。

「殉難餘稿」に――「白洲に於て、鞠問ありし時、信政（伊三次）默して答へず。やゝありて有司に向ひ、某は本と微賤なる陪臣なり。されど天下の安危、杞憂やみがたく、かかる大事にも加談仕りて候。かたぐ〱は正しく將軍家の世臣にておはさるになんで外人の我國を傾けんとするを、よそ目には見たまふやらむ。願くは早く老中の諸公にまみえ奉りて一言聞えあげたうこそ候へ。此もし許容あらば、別に申すべき事なしといひしかば、有司大に怒りて、あな剛性なるくせものかな。からきめ見するがふびんなれば、心しづかに問つるに、口かしこくもあらがふよな。いで其儀ならば拷問せよとて、情も知らぬ獄卒ども、しもとを執りて、毎日これを打すえければ、つひに病苦しみて息絶えたり。信政死に臨み、目を張り聲をいら立て、幕府時勢を悟らざれば、せんかた無し〕若しこれを悟りて國論を定むる事あらば、救ふべき所無きに非ず。可〻惜可〻惜と言つゝ死しけるとなん。こは是戊午の冬、十二月十七日の事なりき」

第四章　吉田松陰の捕縛

松下村塾にあつて、郷里の子弟を薫陶しつゝあつた吉田松陰は、折から京都における井伊派の横暴ことに朝廷に對し奉り言語に絶する不遜なる態度、さらに尊皇攘夷の志士に對する彈壓を聞き、忠誠の熱情は胸に溢れて抑へることを得ず。松陰は同志十七人をもつて京都に上り、元凶間部詮勝を暗殺せんとする計畫を立て、これを藩政府に達するため、周布政之助に示した。

周布政之助はこれに反對し、安政五年十一月二十九日、家人に對し、松陰を嚴囚せしめ、さらに十二月五日には、父杉百合之助に、入獄を上請せよ、との申渡がなされた。

かくて十二月二十六日、松陰は入獄、さらに翌年五月二十五日、江戸に檻送せらるることとなつた。

安政五年、松陰、戊午の大獄に坐し、將に獄に赴かんとして、村塾の壁に留題す。

寶祚天壤と隆に　　千秋其の貫を同じうす
如何ぞ今の世運　　大道糜爛に屬す
今我れ岸獄に投じ　　諸友半ば難に及ぶ
世事言ふべからず　　此の擧旋りを觀るべし
東林、季明に振ひ　　大學、衰漢を持す
松下陋村と雖も　　誓つて神國の幹とならん

安政六年一月一日――松陰は野山獄にありても、尊皇攘夷の情熱は絶對の信念として奔り出でた。

元　旦

太陽朝に上る海の東
戎狄蠻夷淑氣同じ

獨り幽囚、不平の客あり
春は回る感慨嘯歌の中

若芽刈る磯の蜑人《あまびと》事問はん
　異なる國の春や如何にと

聞くならく使星九重より降ると
東藩果すや否や寅恭を致すことを
生き偸む草莽の臣罪多し
杯は屠蘇に至つて擧げ得て慵《ものう》し

九重の惱む御心思ほへば
　手にとる屠蘇も呑み得ざるなり

斯の身獄に降るも未だ心は降らず
寤寐猶ほ迷ふ　皇帝の邦
聴き得たり三元、鷄一唱
勤皇今日孰れか無雙ぞ

事しあらば君の都に詣づべし
今朝聴くかけに聲劣らめや

一月二日には、至尊の御逆鱗を拝察して
天子仁明墨夷を憤《いか》りたまふ
時か今去らば復た何れの時ぞ
錄を愛み命を惜む、世皆是れ
報國の赤心眞に我が師

花の鳥今を盛りと春の野に
遊ばで猶ほもいつか待つべき

かしこくも千世に芽出たき大君に
賎が摘み得し芹捧げばや　一月　十日

大丈夫の死ぬべき時に死にもせで
猶は蒼天に何と答へん　一月十三日

世の人々吾れを目くらと云はばいへ
海亘り來るへびすにおぢず　一月十五日

安政六年五月末より六月末に及ぶ、松陰、江戸に護送の途次檻中にて詠める「涙松集」は、尊皇の純情の切々として、まこと涙なくしては誦し得ないものである。

涙　松　五月二十五日

歸らじと思ひさだめし旅なればひとしほぬるる涙松かな

菅公廟　二十六日

思ふかな君がつくしのこゝろしは賤があづまの旅につけても

鈴木大人におくる　同

君こそは蛙鳴く音も聞きわかん公《きみ》のためにかおのがためにか

五月雨止む　同

ふりつゞく五月雨晴るるころはまた人なやますする暑さなりけり

薬師をつけらるるときゝて　二十七日

とらはれて行く身も君の悪なりむくひでいかにわれおくべきや

呼坂にてしる人の陰ながら見送りける時　同

取あへぬ今日の別れぞさちなりきものをもいはば思ひをぞまさん

小瀬川　二十八日

夢路にもかへらぬ關を打ち越えて今をかぎりと渡る小瀬川

藝州路　二十九日

安藝の國昔ながらの山川にはづかしからぬますらをの旅

嚴　島　同

そのかみのいつきの島のいさをしを思へば今も涙こぼるる

廣島にて駕籠の戸を明けよと警固の人に頼むとて　同

世の中に思ひのあらぬ身ながらもなほ見まほしき廣島の城

備　前　路　六月五日

郭公まれになり行く夕ぐれに雨ならなくば聞かざらましを

淡　路　島　六月八日

別れてはふたたび淡路島ぞとは知らでや人のあだに過ぐらん

明　石　同

とどまりて月をみるべき身なりせばなほあはれあらんあかし浦波

一　谷　九　日

一谷打死とげしますらをを起して旅の道づれにせん

湊　川　同

かしこくも公《きみ》の御夢にいりにしを思へば今は死せざらめやは

淀　　十一日

こととはん淀の水音昔よりいく廻りして世をばへにきや

伏水より都を拜し奉りて

見ずしらぬ昔の人の戀しきと思《おぼ》さんことのかしこかりける

護送の人々に別るとて　　二十四日品川

歸るさに雁の初音を聞き得なば吾が音づれと思ひそめてよ

七月九日幕府へめされて公館を辭するとて

待ち得たる秋のけしきを今ぞとて勇ましく鳴くくつわ蟲かな

第五章　志士の死

梅田雲濱の獄死

雲濱は安政六年一月九日――江戸町奉行石谷因幡守役邸に著く、その日、常盤橋門内の小倉城主小笠原右近將監の邸に預けられた。

三月十二日朝――始めて評定所に呼出されて取調られ夕刻に歸つた。やがて彼は脚氣に惱み、風邪に冒された。

八月十四日、第二回の取調あり、彼の病勢はかなり惡化した。

八月二十三日の「始末書」には

「御預人梅田源次郎儀、去る十三日より風邪に付、手醫師共藥服用爲ㇾ供候處、邪氣は相退候へども、腫氣相見候付、猶無㆓油斷㆒療養手當申付置候」

かくて病狀は益々進み、疲勞も加はり、九月十二日には

「身體運動兎角不㆓自在㆒、漸々疲勞相加り、元氣衰へ、此上疲勞相增候樣にては、危險に及ぶべきやと、甚だ心配仕候」と報告あり。

遂に九月十四日には

「御預人梅田源次郎儀、一昨二十日夕御屆申上候後、種々藥用手當仕候へども、藥力相徹不ㇾ申、及㆓大切㆒申候」

「御預人梅田源次郎儀、先刻御届申上候後、猶療養仕候へども、養生相叶はず、今卯下刻（午前七時）死去仕候」

――梅田は小笠原邸に拘禁せらるること二百四十日にて、遂に三十四歳をもつて、尊皇の大義に殉じたのであつた。

頼三樹三郎の死刑

八月二十七日――頼三樹三郎は、橋本左内、飯泉喜内と共に死刑に処せられた。

宣告文

河原町三條上ル東町入る借家

儒者　頼　三樹八郎

右之もの儀、外夷海防筋の儀に付、猥に浪人儒者梁川星巌、又は梅田源次郎と、御政事に拘り候國家の重事を議論におよび、不ㇾ容易ㇾ儀を申唱、堂上方へ入説の儀、星巌と種々申合候より、人心惑亂いたし、天下の擾亂を醸し候姿に至り、公儀を恐れざる致し方、右始末不届に付、死罪」

時に歳三十四。辭世の詩に

空を排き手づから妖熒を掃はんと欲す
失脚墮ち來る江戸城
井底痴蛙憂慮に過ぎ
天邊の大月高明を缺く
身は湯鑊に臨んで家に信なし
夢に鯨鯢を斬つて劒に聲有り
風雨他年苔石の面
誰れか題す日本古狂生

橋本左内の死刑

松平越前守家來

橋本左内

右之もの儀、近來異國船度々渡來、海防筋厚御世話も有之候折柄、根本御手厚に無之ては難二相成一右に付、一橋刑部卿殿を、御養君に立てさせられ候樣いたし度候旨、御所向御模樣等聞繕方、且右手入の爲め上京致すべき旨、先代越前守より申付有之候とも、右體の儀、京地へ周旋いたし候は、不二容易一儀と心附、重役へも申聞、主家不爲の儀無之樣取計可レ申處、其儘承受、上京の上、鷹司殿、三條家等へ立入、頻に手入いたし、殊に鷹司殿にては、右願筋は、越前守直書を以、申越すべき事柄に候など同家家來小林民部權大輔申聞候をも、尤と聞受候迚、是又輕からざる儀を、自己の勘辨を以、主家へ申遣候故、既に先越前守直書の內狀、三國大學方迄差越候を、民部權大輔より鷹司太閤殿へ內覽に入れ候次第にも至候段、公儀を憚らざるいたし方、右始末不屆に付、死罪。

彼は年僅か二十六歲にて死したるも、烈々たる精神は千載に不滅なるものがある。

獄中の作

苦寃洗ひ難く恨禁じ難し
俯して則ち悲傷仰いで則ち吟ず

昨夜城中霜始て隕つ
誰か知る松柏後凋の心

又

二十六年夢の如く過ぐ
顧みて思ふ平昔感滋多し
天祥大節嘗て心折
土室猶吟ず正氣の歌

又

枕を欹て秋人夜の永きを愁ふ
陰風骨を刺して析三更
皇天應に是幽寂を憐むべし
一點の星華牖《まど》を照して明かなり

吉田松陰死刑

松平大膳大夫家來杉百合之助へ
引渡蟄居申付置候

浪人　吉田寅次郎

右之もの儀、外夷の情態等相察すべくと、去る寅年（安政元年）異國船へ乘込候科により、父杉百合之助へ引渡、在所において蟄居申付置候身分にて、海防筋の儀、猶頻々申唱、外國通商數港御開相成候は、御柔弱の御取計ひにて、御國爲にも相成らず、誠實友愛の儀を唱、和親交易を相願候夷情に基き、御國において御不都合の次第有之儀を申諭御斷、追て御打拂相成候方可ㇾ然など、又は當時の形勢にては人心一致、天子を守護いたし、卑賤のものにても、人材御撰擧無ㇾ之候ては、迚も御國威は振ひ申間敷など、御政事向に拘り候國家の重事を著述いたし、右作其外狂夫の言、或は時勢論と題號いたし、主家又は大原家等へ差出、殊に墨夷假條約御渡相成、御老中方御上京有之候趣承り、右は外夷御處置振の儀と相察し、蟄居中の身分に候とも、下總守殿通行の途中へ罷出、御處置を相伺、此もの見込の趣申立、若御取用無之、自然行はれざる次第に致候はば、其節は一死殉國の心得を以、必至の覺悟を極、御同人御駕籠へ近寄、自己の建議押立申度抔、一旦存立候段國家の御爲と存仕候旨は申立候へども、公儀を憚らざる不敬の至、殊に右體蟄居中の身分、梅田源次郎へ面會等致し候段、旁〻不屆に付、死罪。

第六章　松陰の刑死

松陰は刑死の前日、十月二十六日の夕刻に記し終れる、松下村塾門下生への遺言たる「留魂錄」はまことに千載の下、松陰の忠靈は芳しく留まるを知る。

身はたとひ武藏の野邊に朽ちぬとも留め置かまし大和魂

一、七月九日、初めて評定所呼出しあり。三奉行寺社奉行（松平伯耆守、町奉行石谷因幡守、勘定奉行池田播磨守）出座、尋鞫の件兩條あり。一に曰く、梅田源次郎長門下向の節、面會したる由、何の密議をなせしや。二に曰く、御所内に落文あり、其の手跡汝に似たりと。源次郎其の外申立つる者あり。覺ありや。此の二條のみ。夫れ梅田は素より奸骨あれば、余與に志を語ることを欲せざる所なり。何の密議をなさんや。吾が性公明正大なることを好む。豈に落文なんどの隱味の事なさんや。余、是に於て六年間幽囚中の苦心せる所を陳じ、終に大原公の西下を請ひ、鯖江侯(間部詮勝)を要せる等の事を自首す。鯖江侯の事に因りて終に下獄とはなれり。

一、吾が性激烈怒罵に短し、務めて時勢に從ひ、人情に適するを主とす。是を以て吏に對して幕府違勅の已むを得ざるを陳じ、然る後當今的當の處置に及ぶ。其の説常に講究する所にして、具さに對策に載するが如し。是を以て幕吏と雖も甚だ怒罵すること能はず、直に曰く「汝陳白する所悉く的當とも思はれず、且つ卑賤の身にして國家の大義を議すること不屆なり」余亦深く抗せず「是を以て罪を獲るは萬々辭せざる所なり」と云ひて已みぬ。幕府の三尺(律令)、布衣、國を憂ふることを許さず。其の是非、吾れ曾て辯爭せざるなり。聞く、薩の日下部伊三次は對吏の日、當今政治の缺失を歷詆して「是くの如くにては往先き三五年の無事も保し難し」と云ひて、鞫吏を激怒せしめ、乃ち曰く「是を以て死罪を得ると雖も悔いざるなり」と。是れ吾れの及ばざる所なり。子遠の死を以て吾れに責むるも、亦此の意なるべし。唐の段考實、郭曦に於ては彼れが如くの誠悃、朱泚に於ては彼れが如くの激烈、然らば則ち英雄自ら時措の宜しきあり。要は内に省みて疚しからざるにあり。抑〻亦人を知り幾を見ることを尊ぶ。吾れの得失、當に蓋棺の後を待ちて議すべきのみ。

一、此の回の口書甚だ草々なり。七月九日一通り申立てたる後、九月五日、十月五日、兩度の呼出しも差したる鞫問もなくして、十月十六日に至り、口書讀聞せありて、直ちに書判せよとの事なり。余が苦心せし墨使應接、航海雄略等の議、一も書載せず。唯だ數個所開港の事を程よく申述べて、國力充實の後、御打拂ひ然るべくなど、吾が心にも非ざる迂腐の論を書付けて口書とす。吾れ言ひて益なきを知る、故に敢て云はず。不滿の甚しきなり。甲寅の歲（安政元年）航海一條の口書に比する時は雲泥の違と云ふべし。

一、七月九日、一通り大原公の事、鯖江要駕の事等申立てたり。初め意へらく、是れ等の事、幕にも已に諜知すべければ、明白に申立てたる方却て宜しきなりと。已にして逐一口を開きしに、幕にて一圓知らざるに似たり。因つて意へらく、幕にて知らぬ所を強ひて申立て多人數に株連蔓延せば善類を傷ふこと少からず、毛を吹いて瘡を求むるに齊しと。是に於て鯖江要擊の事も要諫とは云ひ替へたり。又京師往來諸友の姓名、連判諸氏の姓名等成るべき丈けは隱して具白せず、是れ吾れ後起人の爲めにする區々の婆心なり。而して幕裁果して吾れ一人を罰して、一人も他に連及なきは實に大慶と云ふべし。同志の諸友深く考思せよ。

一、今日死を決するの安心は四時の順環に於て得る所あり。蓋し彼の禾稼を見るに、春種し、夏苗し、秋苅り、冬藏す。秋冬に至れば人皆其の歳功の成るを悦び、酒を造り醴を爲り、村野歡聲あり。未だ曾て西成に臨んで歳功の終るを哀しむものを聞かず。吾れ行年三十。一事成ることなくして死して禾稼の未だ秀でず實らざるに似たれば惜しむべきに似たり。然れども義卿の身を以て云へば、是れ亦秀實の時なり。何ぞ必ずしも哀しまん。何となれば人壽は定りなし。禾稼の必ず四時を經る如きに非ず。十歳にして死する者は十歳中自ら四時あり。二十は自ら二十の四時あり。三十は自ら三十の四時あり。五十、百は自ら五十、百の四時あり。十歳を以て短しとするは蟪蛄をして靈椿たらしめんと欲するなり。百歳を以て長しとするは、靈椿をして蟪蛄たらしめんと欲するなり。齊しく命に達せずとす。義卿三十。四時已に備はる、秀で亦實る。其の秕たると其の粟たると吾が知る所に非ず。若し同志の士其の微衷を憐み、繼紹の人あらば、乃ち後來の種子未だ絶えず、自ら禾稼の有年に恥ぢざるなり。同志甚だ是れを考思せよ」

かきつけ終りて後

心なることの種々《くさぐさ》かき置きぬ思ひ殘せることなかりけり
呼びだしの聲まつ外に今の世に待つべき事のなかりけるかな
討たれたる吾れをあはれと見ん人は君を崇めて夷拂へよ
愚かなる吾れをも友とめづ人はわがとも友とめでよ人々
七たびも生きかへりつつ夷をぞ攘はんこころ吾れ忘れめや

二十一回猛士

第二篇　櫻田義學

第一章　反井伊派の激昂

井伊大老の勅許を經ずして外交接渉を決せること、さらに勤皇の諸侯を罰し、尊皇攘夷の志士を幾多斬に處せる安政の大獄を見るや、全國において囂々たる反井伊派の激昂となるのであつた。

薩摩の大久保利通等は、この危機に際し、同志四十餘人と血盟し、脱藩して京師に出でゝ、義兵を擧げんと志し、安政六年九月頃、藩主島津久光へ上申書を記した。

「伏請、私共一同國家の爲、不」奉（燒損）候一筋御取用被」爲」在、順照院様（島津齊彬）御遺志御相續被」遊候御趣意、第一近年外寇相侵。終彼等意中に（燒損）之處置を以、自儘之取計いたし、此に至、勤皇水府老公は勿論、順照院様奉」初、越前侯、尾張侯、其外御結合相成、是非外夷攘除、御趣意相立、就て者何れ外を禦には内を治に如かず。内を治には國策相定、是非仁心仁聞ある御方西丸に被」爲」立、改革を成し風俗一新十分内を堅し候而、外夷に及し、彼を屈伏せしむるの遠略にて、兎角當時才德有名人望（燒損）年輩彼是其任に堪候一橋侯西丸に御立被レ遊度御趣意にて、既に去春堀田備中守上京の節、一橋公西上の義（燒損）候。乍レ然英明之御方樣にては姦賊等我意を振ひ、政權を專らにする不二相叶一候間、幼君を押立候樣及二姦計一候由、且外夷假條約御處置之（燒損）之候處被レ爲レ對（燒損）も如何に付、深被レ惱二叡慮一候ては、人心之居合、國家の重事に付、三家已に諸大名被レ召度云々被レ下（燒損）水戸中納言殿初、松平大膳大夫、松平相摸守、松平土佐守等諸侯伯被二牒合一、被レ遂二奏聞一奉戴、井伊掃部頭、間部下總守、水野土佐守等被レ及二追討一候。江戸表盟中堀仲左衞門へ水戸より引合有レ之、當時（燒損）之折柄にて、此擧に付ては（燒損）大事と云ふ譯にて、彼方より比叡山結合相成、其外四方饗應之賊にて候へども、急變の處專我人數を京師陽明殿よりも一向御委任之趣等を以、今曉同志急を告來候。則形行言上可レ從二國命一義當然の譯御座候へども、乍レ恐二順昭一院樣御在世中御深慮被レ爲レ在之御譯有之候て、水藩其外有志の侯伯へ被二結置一（燒損）居、御逝居後に至、右之續合を以、江戸表同志中へ（燒損）終に及二此擧一候譯に候へば、一日之後を以、如何樣之（燒損）被レ及候も難レ奉レ圖、第一御家の瑕瑾と可二相成一譯合御座候間、聊御遺志之寸毫奉二相繼一爲（燒損）萬分の一を奉レ補度、前後の思慮に不レ暇突出仕候。一同之赤心不レ被レ爲レ汚二御德名一明二大體一正二名義一、天朝之藩屏に被二建置一候國家たる御職掌被レ爲二思召一

萬世之基御開き、公然明白御處置を以、後世之龜鑑と可㆓相成㆒様御裁斷被㆑爲㆑在度、一同奉㆓懇願㆒候」

しかし久光等はこれを許さず、遂に利通の出府して大老暗殺の擧は行はれなかつた。

有馬新七等の義擧の計畫はすべて失敗し、西郷吉之助は月照と共に薩摩に去つた。しかも水戸有志と薩州の志士の間には、着々として井伊大老暗殺の計畫が進められてゐた。

安政五年十二月二十八日附、野村彝之介から、金子孫二郎、高橋多一郎に送れる書簡に、

「明鶴（日下部伊三次）之横死、鵜吉（鵜飼吉左衞門）之幽囚、臺山（勝野豐作）之潛伏等、三仁とも可㆑申、其他忠義之從、累々逮捕に就候義、憫傷の至、相摸入道の暴逆にも比競可致、慘酷世界、固より臣子の赤族はものの數に無之候へども、人々父母妻子の痛哭艱難如何計に可有之哉、實に逆燄滿天とも可申、總て赤鬼二鬼（井伊、間部）之狡計を相見、不㆑堪㆓憤怒㆒之至に奉㆑存候。

追々の形勢熟察仕候處、朝廷至尊至大勿論には候へども、乍㆓殘念㆒政柄兵權不㆑被㆑爲㆑在候故、勤皇之戰旅無之候はゞ、天下世道の御爲如何程に被㆓思召㆒候へども、奸閣等百方奉㆑拒、始終叡慮御貫被㆑遊儀、乍㆑恐何共安心不㆑仕、過憂仕候。

扨我雄藩は威義公（賴房、光圀）已來御忠誠の御國風、殊に老公の御正議御傑出の段は、申迄も

無之、當今の時、勤皇の儀、決て他へ御讓被レ遊候次第は無レ之候處、方今少々御障礙被レ爲レ在候段實に無ニ御據一御儀に御座候へども、責て追々御議論申候連呈の大策を決し、再び西颷を起し候外、良計は差當有レ之間敷奉存候」

薩藩の志士高崎猪太郎（後に五六）は、同志を代表して、水戸に赴き、反井伊の意見書を持參して水戸派の蹶起を促した。

「一、近年夷賊大に跋扈し、蔑ニ如神州一屬國同前、且君臣の名義大に致ニ混亂一甚者は有ニ幕府一を知て堂々たる天朝の尊を不レ知に至候。右等の次第に成立候も、偏に幕府萬端所置を被レ爲レ失候故にて、誠に嘆息痛恨の至に候。

去年（安政五年）將軍家御薨去の後（將軍家定）執政の方々、私斷を以て、夷賊の御所置、大いに當然を失ひ、天朝を御輕蔑の姿に相成、汚辱の上に汚辱を重ね、當時忠誠貫ニ天日一候御宗室の三藩をも致ニ窘蹙一何共殘情の至、實に天下の事不レ可レ言の勢に罷成、世界隨一の皇威を、頓と是限にて、誠に以て大變の仕合、今更如何の所置を以て、右等の大過失を補益可レ仕計畫可レ有ニ御座一哉。

只管施すに術計盡果候次第、歎息無二申計一。

右樣の情態故、賢明の諸侯は勿論、天下の有志及二千思萬慮一候儀は、不レ暇二枚擧一、中にも於二御藩一は、前中納言樣不世出の御賢明にて、威義二公の御遺志を被レ爲レ繼、難有も勤皇の尊志被レ爲レ在候事、當時誰人が匹敵する者可レ有二御座一哉。

抑外患の一條に就ても、深く彼等が情態御識察被レ爲レ在、千緒萬端御上書相成候儀、一同飽迄承知仕候儀にて、將軍家は勿論、第一皇朝の御爲、御功績、無類の至に御座候。斯迄御忠誠、天日を被レ爲レ貫候御宗室の御方を致二窘蹙一只管私斷を以、天下の大事を致二所置一候儀は、實に不レ落二愚意一仕合せ、大息慟哭此事に御座候。

乍レ恐天朝にも、當今の形勢に付、深く被レ惱二宸襟一、御寢食を被レ遊二御忘却一、右等の大事を過り候農吏を退去、公武に合體、長く夷狄の大患消除仕候樣にと、去秋恐多も、將軍家へ御一通、外に御藩御名頭にて、御寬容の勅命御一通相下り候段は、御承知の前と奉存候。

於二御藩一は以前より御代々名義の國と、諸藩一同奉レ稱候に付、定て非常の御處置も可レ被レ存レ在と奉レ仰候處、今にその沙汰不レ承、就ては御一同如何の御議論に被レ爲レ涉候哉。決て因循の儀は無二御座一、深く御遠圖可レ有レ之とは奉存候へども、餘り及二遲引一候へば、井蛙の見にては、彼是生二疑惑候仕合。於弊藩も、亡君（齊彬）も勤皇の志聊か有之、存命にも候はば、是非一度は、奉繼叡慮候所、料らずも大變（死去）の仕合にて、暗夜に失燈候次第、茫々罷在事に御座候。乍去繼亡君の遺志候有志の者は、至今も百敗不撓、勤皇の志、銘心肝憤悶慨息罷在候。

去秋勅命一條奉承知候以來、右有志の者は、日夜寢食を忘れ、此機會を以、是非大事を舉候つもりに御座候へども、應援無之候へば、適大事を舉候ても、無謀に屬し、眼前天朝へ奉重御大難候儀にて、却て不忠の至りと存候故、御藩は勿論、尾、長、因、越の諸藩へ引合候へども、勅意も御藩へ相下居候事故、兎角御藩より事を不被爲舉候ては、一同無名の師を恐れ、天下の豪傑機會を見合候勢ひにて、實に痛恨千萬に御座候。

前様（齊昭）御不世出に被爲在、深く御遠圖可被在儀をも不奉汲受、千萬恐入り奉り候へども、今通にては、萬乘至尊の思召も不相立名公卿方御幽囚同前奉殺御羽翼候手段、言語同斷の取計ひ、爲臣子者相忍可申哉。況や夷狄併呑の勢も追日差迫り、一日を延せば、生一日の患、終に百世不可救の勢ひ可罷成候間、一日も早く勅意に被爲應候所、偏に奉禱候。

尤も此節弊藩有志中より態々急飛脚差立、是迄天下の機會見合居候へども、際に運び候模樣とも不相分、叡慮も空に相成可申かと、苦心の餘、難默止所より、御藩へ御引合申上、何分御決心次第にて、不日に京都へ馳登り、帝都を可レ奉ニ守護一、必死に進退を究め候段申越、實に無ニ餘儀一仕合、就ては是非此節は非常の御處置御決心の所、展轉奉レ仰候。

尤も當今の形勢、得と涉ニ勘考一候處、中々始終十全の計略は出來兼可申か。唯憂ふる所、天下の有志十全を計り、拙速の二字を論ぜず、互に見合候勢ひに候。かく申せば、無謀の樣に候へども、全くさに候はず、十全の計策は、誰も飽迄懇望の事に候へども、昇平久敷打續き人心怠惰、やゝもすれば因循の方に相向ひ、日々致ニ遲引一候へば、前にも論じ候通り形勢可ニ罷成一候。一旦決然一擧楠公、菊池の繼ニ遺志一、奉ニ皇志一大義を天下に唱へ候はば、是に鼓舞して、四方有志の諸侯方應援有之は必然の事に御座候。

夫故此間は是非非常の御處置御決心の程、呉々も有ニ御座一度く、弊邸詰合の有志と申せば、僅に指を屈する位にて、中々輕重を爲すに足らず、數ならずとも、御勢に加はり、第一艱苦の場を勤め申度、國もとの有志は、此方事を擧げ候日限を刻し、帝都を可レ奉ニ守護一、是を以て有志中小人數にて、百人未滿の事候へば、永久の事は出來兼候へども、各決死の者どもに候へば、隨分、諸藩の應じ候內は、相支居可レ申。

尤も御藩御決心期限相定候はば、弊邸の內より長尾因越の諸藩へ馳廻り、無ニ相違一兵勢を動し可申、當時の論、未だ機會に到らずとの議論も有之候へども、最早機會は後れ候哉に存ぜられ候間、何卒此節は緩怠の御沙汰無之是非御決心御定策の程、御同腹中御吟味、何分尊報奉仰候。左候はば國もとへは早速相通じ、日を刻し事を擧候樣可仕、返す〲も此節は御武斷反復奉禱候。

、前文通の御處置、萬一急々運兼候はば、千萬奉恐入次第に御座候へども、當分前樣（齊昭）御愼中とは乍申、御國もとの樣御引入の御計ひは出來兼可申哉。いづれ當時の勢ひ、平常の事にては、形勢動搖の所、千萬無覺束、前樣御引入罷成候はば、幕府よりの處置も、暴卒に出、且天下一同目を醒し、不日に形勢動搖仕候に相違無御座。

かく申せば、餘り過激の樣御勘考も難計候へども、いづれ當時の形勢にては、不拘小節、非常の御決心無之候ては、幕府よりの所置も及緩怠、因循の中、姦勢成就、遂に反正の期有御座間敷、尤此節前樣、御窘蹙の儀も、全く執政の私斷に出候譯にて、神君（家康）の思召は勿論、第一叡慮に違背仕候儀にて。當時內外多事、危急の御時節に有之候へば、乍恐明公（齊昭）拱手して、被爲受窘蹙の御時節に無之、御剛斷被爲在候て、夷狄の大患は一掃、天朝は不及奉申、將軍家をも、磐石の安きに中興、被對威儀公の尊意候こそ、如何計りの御忠節と奉存候。

何分此節は右二ヶ條に御決心の所、生死にかけ奉仰候。是等の儀は、御一同御熟論の筈、且御遠圖の程も可レ有レ之所、卒爾輕妄の至、千萬奉二恐入一候へども、前にも度々申上候通、一日を延せば百世不レ可レ故の勢に可二罷成一と、不レ堪二感激一の餘り、懇願仕候。何卒臣々の盡忠、御憐察被レ下、御一同深く御吟味の上非常の御所置、御決心の所、偏に奉仰候。頓首頓首」

第二章　幕府の彈壓

當時井伊大老派にあつては、この志士等の反抗をば、却つて逆用せんとして煽動し、これを機會に反對派を一網打盡にせんとする陰謀をめぐらすのであつた。

井伊の公用人宇津木六之亟は、長野主膳に送りたる書狀に、

「五手掛御吟味も東行の向（志士等の江戸への檻送）は、追々御調も付、此程水府御家老安島帶刀外に大竹儀兵衞、茅根伊豫之介、御呼出しに相成、御糺の上、帶刀は九鬼長門守樣へ御預け、外兩人は、水府より付添人へ御預けと相成申候。右之外にも御呼出しに相成候へども、御國許へ參候趣

にて（鮎澤伊太夫のこと）著次第御呼出しに相成候との事に御座候。一體御呼出しに相成候ても、容易に御差出しに相成間敷やと申噂候へども、子細なく御差出しに相成候。帶刀御預けに相成候事は、殊の外御迷惑の由にて、御歎訴被」成候へども、御聞無之由に御座候。右一條に付ては、いづれ天狗共には騷立可申、不」遠自滅可」致、是にて眞に太平に歸し候事と奉存候」

かく彼等は陰険にも、水戸の天狗黨の蹶起を自ら挑發し、これを好機に悉く勤皇派を捕へんとする謀略をなすのであつた。

井伊派の水戸壓迫に對し、今や絕對の危機が逼迫した。憤激せる水戸の志士等は、續々江戸に出で主君の雪寃、安島帶刀等の救出に努力した。

五月四日には、小十人目附綿引宇八郎は江戸邸内にて悲慘の自殺を遂げた。五月八日には立原源太兵衞が松戸驛にて自害した。また九日には、奥右筆闕辰三郎が松戸驛にて自殺、翌十日には徒士吉村新三郎が小梅邸にて自害を計り、翌更に十一日には義民柴田長左衞門が小鶴村にて自盡した。なほ五月十四日には徒目附檜山又五郎は小金驛にて切腹せしも死に至らず、十七日には野口哲太郎は江戸飯倉町にて死を企てた。

これ等の激昻せる正義派を指導する領袖こそ、金子孫二郎と高橋多一郎とであつた。

幕府はこれに對し、水戸派内部に、對立を生ぜしめんと企て、盛んに懐柔策を弄した。

しかも八月二十七日――水戸齊昭の水戸永蟄居の事をもつて、益々水戸派の憤激を深刻化したのであつた。

十一月十一日――水戸に對する幕府の強壓により、水戸藩廳は、過激派を抑壓すべき次の諭達を下した。

「諸向へ

先達無レ願、出府候族大勢有之、中には數人申合せ、強訴に類し候所業にも相聞如何の事に候。向後士分の者は勿論、鄕士等末々の者に至る迄、出府候節は、急度其筋へ願出候様可致候。萬一此上浮說等致二信用一、數人申合、猥に罷出候儀は勿論、假令一人立たりとも、無レ願致二出府一候族有之においては、糺の上、屹と御沙汰可有之候條、其旨兼て相心得、聊か心得違無之様可致候。

右の趣、支配の末々迄無レ洩可レ被二相達一事」

翌十一月十二日には、諸志士の大學南上したるを罪し、高橋多一郎、金子孫二郎、關鐵之介の職を免じ、蟄居せしめ、立原右兵衛等十四人を閉門にし、野村彝之介、矢野長九郎、大胡聿藏等を小普請組に下した。

第三章　勅諚返上の問題

安政五年八月に攘夷の勅諚は水戸齊昭に下され、これに關し、幕府はあくまで取戻さんことを企て安政六年一月十一日附井伊大老の命を承け、宇津木六之亟が當時在京の長野主膳に與へたる書狀の中にもこれを見る。

「水戸家へ勅書被下候義は、御國體被レ爲二思召一候てよりの御間違には可有之候へども、右様の儀、公邊の御威權に拘り候へば、朝廷の御威光にも拘り候次第。殊に御大切の勅書、輕き者へ御渡し、忍びて持ち下り候など、以ての外の義。水戸家にても右様の勅書被下候に付、如何可レ仕哉と、御指出しに可二相成一處、彼御家にては眉目と被レ成候儀、是亦大成る間違の筋に付、向後右樣の御間違出來候ては、實に朝廷の御威光に拘り、國家惑亂の基に付、右樣の義出來不レ申樣被レ遊度、右勅書此儘にては不レ宜、此度勅答も相濟候事に付、旁〻以て朝廷へ御取戻し相成候樣、殿下（九條關白）幷に間部侯へ程よく御申上被レ成候樣にと思召候。右勅書此儘にては、水戸御心得違の種と相成り、大害の基本と、深く御配慮被遊候に付、御丹精可レ被レ下候」

取戻のことは、京都所司代酒井忠義より千種有文に依賴し、それは九條關白に達せられたが、關白はこれを遷延して、何ら決せず。

安政六年十月二十二日――酒井所司代より武家傳奏宛に、取戻のことが申請された。

幕府は強硬にこれを主張し、ことにこれを朝廷の失政にせんとする策謀であつた。

安政六年十二月二日附にて、勅諚取戻のことを堅く老中連名をもつて、酒井所司代へ申入れた。

「十一月二十日御差出の御用狀、廿四日到著拜誦（中略）水府之勅諚御取戻し一條、關白殿御所勞且新嘗祭等にて、御延引、同じく十九日勅諚書其儘二通相認替御渡に付、以二急使一兩通被レ遣致二拜見一候。然る處右御文言中に『止むを得させられざる御次第も在せられ云々』と有之、右は公武の御爲不レ宜、甚だ御指支の筋有之候。其子細は止を得させ られざる御次第も在らせられ候はゞ、幾度も仰進められ候儀は格別、假令御三家たりとも、勅諚書を下され候事は、全く御掟に相背き、不容易儀にて、乍恐朝家の御失政に可有之處、右の御文言にては、此後とても萬一止を得させられざる節は、他へも勅諚書下さるべきかの語勢に相聞え、天下の御一大事に付、無據再應申述候事に候。

旣に四公（鷹司父子、近衞、三條）之落飾も、御掟を被破、右樣不容易儀を密策致され候事に付、急度可被仰付處、畢竟右臣下の心得違の旨、叡知に相成候上は、公武御穩當の御趣意を以て、廉立たざる御處置に相成候事に候。

右等の旨、篤と御勘辨被成、先達て御通聞候振合に、御書替相成候はば、重疊の儀、假令無左候とも、止を得させられざる御次第も在らせられ申廉は、御除き相成候樣、關白殿へも被申上候樣存、且又公武御合體云々、右の文言、是又不容易候。

元來一旦御確執被思召候は、奸者の讒奏を容れさせられ候故の儀と相聞え、關東にては素より御確執の御意存等更に無之事に候。萬一世上に洩候はば、人心動搖の基と殘念に存候。彌以て公武御合體の處、奉願所に御座候。以上。

十二月二日

和泉守（松平）
紀伊守（內藤）
中務大輔（脇坂）

若狹守樣

猶以本文の趣は、掃部頭殿へも精々申談候事に御座候。猶御熟慮御異存も有之候はば、被仰下候樣仕度候。下總守（間部）殿就病氣不能連名候。以上」

すでに間部は井伊と意見異り引入中にて連名し得ず、なほ彼は十二月二十四日には、老中を罷めさせられたのであつた。

酒井所司代は、十二月七日附にて、この書狀を廣橋、坊城の兩武家傳奏に示し、さらに朝廷より御下附あらせらるべき案文を示した。

「去年八月八日、勅諚被仰進候事に候へども、間部下總守上京、段々言上にて御分り被為遊、御氷解御安心被為有候に付ては、勅諚之書付並に添書共、御返上被為有候樣、御取計可有之此段被仰進候事」

幕府は朝廷に對し奉り、高壓的に、勅書取戻のことを迫り、その勅書の書換を速かに強要した。遂に幕府はこのことに成功し、朝廷の御意向をもつて、一擧に水戸派をも彈壓せんと企てた。

安政六年十二月十五日、水戸慶篤が定式登城をなすや、井伊大老は、若年寄安藤信睦と共に、慶篤に對し、勅書返上の朝命を通達し、三日間を限り必ずそれを實行すべきことを告げた。

その提示せる書面は、朝廷に對し、一ヶ年、あらゆる手段をもつて強制的に獲ち得たるものであり

「昨年八月八日、水戸中納言へ被二下置一候勅諚之書付、幷に添書共、此度返上有之候様被二仰出一候間、其段水戸中納言へ可レ被二達候。仍て此段申入候事。

十一月

別紙去二月六日御達申入候書取は、御取替の儀、宜しく御取計可給候事。

十二月十九日　光成（廣橋）

酒井若狹守殿」

慶篤はこれを一覧して、朝廷よりの御達しならば、固より返上致すべきは當然なるも、しかし右勅書は、水戸の祖廟に納めあれば、直ちに返納し得ずと答へた。

安藤は、勅書は江戸にありて、即日返却し得ると思ひたるに、水戸に納められしことを知り甚だ驚き、更に慶篤を威嚇した。もし直ちに返納せざれば、違勅なりと、安藤は堅く詰問した。今や水戸家は最大の難關に直面し、大評議が開かれたが、賛否囂々として決することなし。

さらにこれは忽ち水戸の齊昭に急報された。勅書返納に關し、全藩中は紛々たる議論沸騰――いづれに決すべきかに全く困迷した。水戸の正議派と妥協派とは正面衝突となり、さすがの齊昭も、これを決し得なかつた。やむなく、齊昭は、返納猶豫を願ふべく、十二月二十六日、家老太田誠左衞門等を出府せしめた。

二十九日、安藤邸にてこれを請ふたが、安藤は斷乎として拒否、直ちにその返納を急促した。水戸の志士等は、安藤の横暴を大いに憤激、事態は益々險惡となつた。

齊昭は、あくまでも愼重なる態度を持し、自らの見解を手書して、側用人等に示して諭告した。

「御一品（勅諚）返上無之時は違勅に行候故云々、追々申候通、關白殿よりか、傳奏よりか、中納言（慶篤）へ直筆にて返上致候樣云々と申來り候證書を取り引かへ候て、右を國へ下し、一同にて見候上にて、返上いたし可ㇾ然。

其儀六ヶ敷候はば、やはり傳奏より酒井宛にて返上の儀申來り候書と、井伊初右の通申來り候故返上致候様にと、書付連印の奉書を取り、國へ下し、一同拜見致させ候上、此上家老を以て直に京都へ返上いたし候て可然。

於二公邊一は、京師にて被ㇾ遊候方、道に無之よし井伊初申候へども、公邊へ筋道を以被二仰遣一候を、御取用無之故、畢竟は直に此方（水戸家）へも被二下置一候御事故、返上致候はば、直に此方より返上致候様にと申儀、關白殿か傳奏よりの證書取り候上、家老を以返上いたし可然事のよし、幾重にも申張り可然。

直に返上不ㇾ致候ては、違勅と申候へども、於二公邊一も、堀（堀田正睦）歸府の節云々、被二仰遣一候にも、無二御據一條約被ㇾ遊、又三家大老の中登候様被二仰遣一候處、三家指合候はば、大老早々可ㇾ登筈の處、是以違勅の上は、於二公邊一條約御止、大老にて京師へ登り候後に無之候ては、此方より先づ返上致候ては、順に無之候抔申。

關白殿か傳奏より證書を不ㇾ取中は、容易に返上致候ては不二相成一、容易く返上いたし候はば、果して後難來候も難ㇾ計候。

前にも申通り、於二公邊一も、御違勅にて、條約等被遊、井伊可レ登よし、再三叡慮有之を、不レ登は違勅に相違無之候へば是等申草にいたし、容易には返上不二相成一候。一覽後直に火中〳〵」

かくて何ら決するところなく、多事多難なりし安政六年は去り、更に嵐を孕む安政七年、萬延元年は來つた。

一月六日、若年寄安藤對馬守は、水戸の肥田大助を招き、勅書の返上を督促した。さらに九日、安藤は小石川水戸邸に來り、返納を催促。もし爲さざればまさに違勅なりと言動甚だ暴慢を極めた。

一月十五日、幕府は若年寄安藤を老中に昇進せしめ、水戸家を窮追せしめた。安藤は、水戸家に、二十五日を期して返納せよ、もしこの刻を過さば、嫌疑は齊昭に及び、老公は違勅の罪を負ひ、水戸家の廢亡あらんと威嚇した。

今や水戸家は絕對絕命となつた。激憤の志士等は、あくまでも返上に決死の反對をなした。かくて彼等は長岡に集結して、水戸藩の要路に猛然反抗した。

二十五日の期日は過ぎた。一月末は來つた。

齊昭は事態の決裂を憂ひ、退散の諭書を下した。

「外々の儀とも違ひ、御所より返上致し候樣被二仰出一候旨、大老等より申聞候上は、速に返上不レ致候ては不二相成一、若し於二相拒一は、京師公邊へ對し不二相濟一、家の安危にも拘り候程も難レ計候へば、詰り多人數嚴重の處置にも至り可レ申候。左候とて義理名節も立不レ申、所謂血氣の勇とも可レ申、大なる過と存候。此處能く勘辨いたし、篤實謹厚に心懸け、主君、家老初役人共申聞、速に爲二承伏一候樣、擧て精々談判いたし、御品無二御滯一迅速に爲二指登一候樣取扱可レ申候。彌々不レ致二承伏一もの有之候節は、やむなく嚴重申付候外有之間敷候所、國中士民一人たり共、嚴重申付候義、嘆はしく存候へば、士民にても、主君の舊恩を存、我等敎諭の處、承伏致し候樣にと存候。社稷の爲、士民の爲、心配の餘、此段申聞候也」

幕府は長岡勢の容易に解散せざるを知り、武力をもつてこれを強壓せんと、その準備を進めた。

第四章　義擧の準備

井伊大老に對する斬奸義擧の準備は、着々として、水戸、薩州の志士の間に進められた。

始め實行の期日は、二月十日頃に定められた。また勅書返上に關し、水戸藩内の對立益〻激化し、「新論」の著者、會澤正志齋は、返納論を主張し、武田耕雲齋は、京都へ一應伺を經たる上でなくては決して返上すべきではない。もし一時の利害に迷ふならば、悔を千載に遺すならんと強硬に反對した。

彼は意見を上申して

「一應の御伺も無之、公邊へ御指出と申儀は、於二御事體一如何可レ有レ之哉、威義御兩公以來、御代代樣京師御尊崇被レ爲レ在候御家風も、此節に至り一旦に荒廢致し候樣にては、何共嘆かはしき次第に有之、臣子の身に取り、痛心至極、申上樣無之候。何卒一時の利害に御泥み不レ被レ遊、天下後世迄、御名義相立、御家風を奉仰候樣、幾重にも御勘考被レ爲レ在、公邊へ厚く御申立に相成候樣仕度不レ堪二至願一奉存候」

かくて勅書の返上は愈〻遲滯し、時局は益〻急迫した。長岡勢は斷乎として、勅書返上に反對し、遂に水戸兩派は武力の衝突となつた。

正義派の首領、高橋多一郎、關鐵之介、住谷寅之介等は評定所に召喚されんとした。

高橋多一郎は事すでに決せりとして、自ら名を磯部三郎兵衞と變じて脫走した。

彼は出發に際し、一書を藩主に上つた。

「狂愚豪偏の私儀、本家小松右近先祖元和年中御奉行仕候以來、本末共累代の御厚恩を奉蒙、取分け私儀は兩君（齊昭、慶篤）御代、非常の御厚恩を奉戴、且御政務筋へ相携、勤筋役々被二仰付一、御側近被二召遣一御至親の御間の儀迄も深く奉二承知一、既に弘化甲辰御國難已來乍レ不レ及、御洗寃一條に付ては、千辛萬苦　愚忠をも盡し候處、報恩萬分の一にも相當不レ仕。

尙又一昨戊午（安政五年）七月老太君再び御愼、當上公幷に一橋樣にも御同斷、扨々殘念骨髓に徹し、痛憤仕候折、昨己未（安政六年）八月二十七日、公邊より上使を以て、被二仰出一候趣相聞、御家の御大變、御危難日夕に迫り、御家中一統、此夕に至り、殉難の覺悟に罷在候處、上公（慶篤）尊慮を以て、駒込御殿へ三輪友衞門一同御使被二仰付一、御兩方樣（齊昭と文明夫人）御列坐の處にて上使御請等御辭命之內勅云々有之候はば、御家老にて申張り、御請不二申上一、又上公御隱居被二仰付一候節は御繼嗣之御方云々。又は御後見等は一切請申間敷との尊慮奉レ伺。

小石川御殿へ立歸候へば、恐多くも上使を指留め、御家中一統、御後中御白洲法外の騷動に有之。依て友衞門一人復命。小臣儀は尊慮を以て、金子孫二郎、三浦贇男一同、壯年有志取靜に指向彼是仕候内上使御入來、御辭命は御家老杉浦羔二郎殿請取、御前へ奉二指上一候趣にて、諸生の族、金子孫二郎を以、指押候。

段々奉レ伺候へば、老公御後闇きと申文義御座候由、御達は勿論拜見も不レ被二仰付一候へども、右之儀奉二承知一候以來、尚々以て寢食を不レ安、同志申合せ洗雪の手段、手を替へ、振を替、周旋仕候へども、中々大業の儀、何程臣子の分に候とて、一朝一夕に、幕吏の腸、挽回の儀、萬々出來不レ申、乍レ去我君の御後闇きと被レ申候事、おめ〳〵生を偸み屈居候ては、臣子の分、一日も難二相立一一念是に及候ば、其銜恨飲泣果して如何に御座候や。

爾來前後危難の間に處し候事殆ど二十年。臣が愚忠天地照覽候はば、他日人臣の分を盡し、國恥を奉レ雪候所存に御座候間、重き愼をも侵し遁世仕候。

甲辰御國難（弘化元年）之節、奸臣の謀計を以て御父子樣御間の儀御離間申上候一條、御國寃洗雪の爲、骨折候自他有志の眞情、天下國家の事情、書綴書候書、遠近橋と名付申候書冊二十四卷、私筐に秘し間柄共へ指預け置申候。最早かゝる天下國家の御危難一路に歸被レ申、且一昨年（安政五年）勅被レ爲レ蒙候處、御返納も可レ被レ遊との御事、扨も〳〵名義と申も、相立不レ申御儀、東照宮樣御始、御先祖以來、御代々樣御忠孝、是にて水の泡と被レ爲レ成候儀故、誠に大切の御時節にて、委細は不レ可ニ返納一の論、著し候ものも有之、今更不レ及ニ申上一候。
神州滅亡に相成候本源は、御家より御開被レ遊候事、絶ニ言語一血泣仕候。何も御時節到來と、武士の根性覺悟仕罷在候。此段御重役樣にて、宜敷御披露可レ被レ下候。恐惶謹言。

安政七年庚申二月

罪臣　高橋多一郎」

二月十八日の夜、金子孫二郎は、その子勇二郎、及び稻田重藏、佐藤鐵三郎を連れて、自ら名を西村東衞門と變じ、江戸を脱走した。

彼は出發に際し、支配頭に一書を送り

「嚴重御咎を蒙り候身分にては、奉ニ恐入一候へども、外夷の傲慢此上なく、如何計か、叡慮を被レ爲レ惱候御儀と奉ニ恐察一候。前中納言樣、長々御寃罪に沈ませられ、國家の至難に付、右御寃罪洗雪仕り、中納言樣にては、勅意御奉行被レ遊候樣、周旋盡力仕度志願にて、罪不レ顧ニ萬死一、忰勇二郎召連出發仕候。此段宜しく被ニ仰立一可レ被レ下奉レ願候。以上。

二月

金子孫二郎

彼は出奔せんとし、その紙障に
まそ鏡きよき心は玉の緒の
絶てし後ぞ世に知らるべき
君のため世のため盡す眞心は
二荒の神もみそなはすらん
二月二十日、――高橋多一郎は、水戸を出でんとし、遺言として
死期日有り此の生涯
自ら危機を踏んで國家に報ず
六十餘州一眼無し
獨り憂憤を伸べ梅花に對す
鳥さへも今朝の別れは知られつゝ
引留め顔に鶯の啼く
出でいなば誰かは告げん我宿の

匂ふ櫻の朝のけしきを

第五章　決行の前夜

三月一日——義擧の首領、金子孫二郎は、血盟の同志を集め決行の手筈を定めた。この日の事を佐藤鐵三郎は記して

「三月朔、佐久間町岡田屋に歸る。木村（權之衞門）齋藤（監物）坐にあり。共に日本橋西河岸山崎屋と云ふ待合茶屋に密會す。金君、木村、齋藤、稻田、及び余と有村雄介なり。（此樓は平常は客なく、至て閑靜なり。廣間を宴席となし、別間を密議の場となしたり）。時に同志の著府する者甚だ少し。（江水間の道路探偵、甚だ嚴にして、同志水戶より達する能はざるが故なり）。是を以て斬奸の成否如何を懸念し、礫邸居住の川又父子を同盟に加へんと發言するものあり。稻田憤然として曰く、元惡を路上に要し、其不意を擊つ、何の難きことやあらん。獨り慮る所は、空しく時日を

遷延し、大事發覺せんことをと。金君大に之に賛して曰く、同志の多少によつて、成敗の如何を顧慮するとならば、吾老たりと雖も、亦一臂の力を揮はんと、辭氣共に勵し。衆駭き之を止めて曰く現數二十人あり、事を成すに足れり。何ぞ先生を煩はすを用ゐんと。

是に於て議始て決す。明後三日を以て、擧行の日と定む。三日は上巳嘉節に依り、大老必ず登城せんと豫定すればなり。場所は外櫻田門外と定む。

金君筆を執て右のヶ條を書す。

一　武鑑携へ、諸家の道具鑑定の體を爲すべし。

一　四五人宛組合、互に應援すべし。

一　初めに先供に討掛り、駕籠脇の狼狽する機を見て、元惡を討取るべし。

一　元惡は十分討留めたりとも、必ず首級を揚ぐべし。

一　負傷する者は自殺、又は閣老に至て自訴す。其餘は皆京都に微行すべし。

之を衆に示す。

金君又勵聲衆に諭して曰く、此一擧萬一にも仕損じなば、後事の瓦解となるのみならず、累を本藩に及ぼすや亦必ず大ならん。成敗は一に諸子の精神にあるのみと。一座爲に肅然たり。

時に日既に夕景に至る。闘末だ來會せず。余をして之を促がさしむ。余北槇町に至る。偶々あらず。暫くする中歸り來り、手を拍て吉田通れば、二階から招くと歌ふて、吉田來れりと告ぐ。吉田は野君（野村彜之介）の隱名なり。余疾く山崎樓に往くべしといへば、走り出でけり。

余覺へず臥睡す。深更に及て闘歸寓す。廣木（松之介）森山（繁之介）亦來る。闘婦に命じて、酒饌を調せしむ。婦去る。密に今日議定する所の要を、二氏に告ぐ。且明二日薄暮を期し、同盟一同品川相摸屋に集合すべしと、速に各潛居に通知する事を約す。時に婦酒を持て來る。談遽に他に移り、歡飮して止む。廣木、森山は田町に歸る」

決行の前夜、二日の夜、品川の會合のことを、佐藤鐵三郎は手記して、

「二日佐久間町に往き、山口等に會す。田町龍泉寺町の人々は、追々品川に向き出盡せりと聞へければも、余は故らに酣飮して、八つ時（午後二時）山口と岡田屋を出づ。

十軒店にて雛祭に供する造花などを買ひ求め、各之を手にして、品川なる仲宿某亭に至りたるは七つ半（午後五時）比なりき。同志悉く集りたれば、相摸屋に登らんと立ちたる時、稲田余を留めて曰く、昨夜密議の終りたる後、金君の云はるる所は、吾々事の成否を聞き、有村と直に京都に登

らんとす。兼て倔強の者二三人同行せんと思ひ設けたれども、今死士不足の誤もある際、強て連れ行かんと言ふも心苦し。さればとて一人は是非に連れ行かざるを得ず。依て僕に同行せよと命じられたり。僕は御承知の持病なり。（稲田は喘息の持病ありて、出府の道、山坂に往々苦めり）。數十里の急行覺束なきのみならず、前途の多事なか〳〵病身の任へ得べきにあらねば、隨行は他人に命ぜられよ。僕は只赤鬼と討死せんことを願はしけれと。切に請ひ申したれば、金君實にもと肯づき齋藤（監物）を促す。齋藤は水戸を發するの日、蓮田、鯉淵と死生進退を同くすることを誓ひたり。今更二氏と分離すること、義に於てなし難しと辭す。金君殆ど當惑の體に見えしが、さらば此は佐藤の外あるまじ、此子細を同氏に傳言せよとの事なり。就ては三日の曉、有村の宅を訪ひ、金君に伴はれよ。此任は君辭すべき事にあらずと。

稲田懇に慫慂す。余心に思ふ樣、何れに盡すも報効の道は一なり。且事明朝に迫り、彼是私說を張るの場合にあらずと。答て曰く余隨從すべしと。君若し餘命あらば、京地に於て再會すべしと。稲田大に悅び、さらばとて相撲屋に赴きたり。鬮余を見て、隨行のこと如何と云ふ、決せりと答ふ。鬮是にて配置定まれり。復違算なし。吾も幸あらば尋上るべしと云ふ。是に於て奥の廣間に酒宴を張り圓坐して訣飮す。各詩歌を賦し、以て慷慨の情懷を攄ぶ。朗吟快飮頗る盛なり。流石に大事の前なれば、兎角打寄り、密語するもの尠からねば、自然異狀の外觀もありしならん。

此夜會合するもの、野君、木村、關、佐野、黑澤（忠三郎）、大關、齋藤、山口、稻田、蓮田、廣岡、森、鯉淵、岡部（三十郎）、杉山（彌一郎）、廣木、森山、海後（嵯磯之介）及余等なり、（金君と有村兄弟は來らず）出府以來同志の一席に會宴する、此時を以て始とし、又此夜を以て終りとせり。

かくて夜もいたく更ければ、兼て手筈の通り、芝の愛宕山に集り、時刻を待たんとて、二人三人組合、靜々と同樓を立出でたり。余は獨り別れて、三日の明け方は、三田藩邸七曲りの通用門に至り呼べども、番人應へず。困り果てゝ門前に彳み居たり。折柄薩士の他より歸り至る者あり、余を怪みて誰何す。余は牛込より有村君をお尋ね申すものなりと答ふ。……有村に入れば、金君品川の模樣を尋ね、偖稻田に傳言せしことは如何思ふとありければ、素より進退を御任せ申す心得にて參り候なり、左りながら是より彼の場所に至り、事の成否を見屆け來らんと答ふ。成程見屆け來らるべし。然れども機に臨み約に違ふ勿れ。元惡を仕留めたりと知らば、速に其場を去り、途中にて槍一本を求め（箱根、荒井の關所を通行に槍印なくては、あしかりなん。然れども故なく槍を持出さんこと、我藩の掟てもあれば不都合なりと、有村云ふを以てなり）品川鮫洲の川崎屋に來るべしと。

時に次左衛門來り、兄と訣別して去る。尋で野君（金子、野村二君去國後初めての面會なりと云ふ）木村、杉山至る。野君水戸を發する時、義擧を大場大夫に密議し、後事を托せし由を語る（金君擧行の成否を見屆け、直に西上し、野君は擧行後、府下の形勢を視察し、尋で登ることに約せり。金君某高君は是より先既に西上せりと聞く）。又斬奸旨意書を出し、此は衆皆懷中せしやと云ふ。金君某等は持參せり。尙不足もあらんと、之を杉山に渡す。最早時刻ならんと、余杉山と同邸を出で、愛宕の下にて杉山に別る。（時に余は宗十郎頭巾にて面を包み居たるに、雪いたく降り出しければ、人の怪しみ如何と心付、雨傘を求めて行きけり）」

義擧に參加せる血盟の志士は

木村權之衞門　十石三人扶持、小十人目付
野村彝之介　百七十五石、郡奉行
大胡聿藏　十石三人扶持、馬廻組
關鐵之介　步士格、十石三人扶持

齋藤監物　靜神社長官
大關和七郎　百五十石、大番組
黑澤忠三郎　百石、馬廻組
佐野竹之介　二百石、小姓
廣岡子之次郎　百石、小普請
森五六郎　三百石、次男
森山繁之介　町方屬吏、次男
山口辰之介　二百石、次男
廣木松之介　町方屬吏、三兩二人扶持
蓮田市五郎　寺社方手傳、三兩二人扶持
杉山彌一郎　留附列、七石二人扶持
鯉淵要人　神職
稲田重藏　郡方士人締、七石二人扶持
海後嵯磯之介　神職

岡部三十郎　百石、次男
増子金八　十五石五人扶持、次男
佐藤鐵三郎　十石三人扶持、三男
稲村誠助　郡方手代、五両二人扶持
小田原彦三郎　十五石五人扶持、次男
清水尚　郷士

第六章　義擧決行

陰暦三月三日――白雪霏々として満都を埋む。この日、愛宕山上に集合したる志士は、關鐵之介、岡部三十郎、齋藤監物、佐野竹之介、黒澤忠三郎、大關和七郎、蓮田市三郎、森五六郎、山口辰之介、廣岡子之次郎、稲田重藏、森山繁之介、杉山彌一郎、鯉淵要人、廣木松之介、海後嵯磯之介、増子金八、及び薩藩士有村次左衛門の十有八士であつた。

總指揮は關鐵之介がなし、齋藤監物は成功見屆の上老中にこれを自訴、岡部三十郎は檢視をなす。

この時のことを、海後嵯磯之介は語りて

「三日未明、各稻葉屋に立返りて又酒を酌みぬ。關鐵之介曰く、此所は嫌疑もなく安心なりと。各組合の書付を示し、且各自の懷中書弁に所持金を調べ、金高をば皆同一となさしめ、それぐ\仕度を整へたり。佐野竹之介は白襦袢に、朱にて歌を書きたるを示して曰く、有村を除くの外は、彼の首級は余に取らせよと。夫れより朝飯を終りて、各立出でんとする折しも、凍雲天を鎖し、飛雪紛紛として降り出したり。關鐵之介仰いで喜色を帶び、あゝ此吉兆を下す。天我忠義を祐くるなりと獨語す。

時に戶外に出でたる者は、皆同音に吉兆と稱せり。やがて各傘を求め、三々五々前後に立出でたり。余は山口辰之介と同道し、途にて草鞋を買ひ、下駄を棄てゝ歩を進め、愛宕山に登れり。此時既に先登せし者は、大關和七郎、有村次左衛門、増子金八、杉山彌一郎、廣木松之介等なり。明き茶屋に腰打掛け、各仕度せる內、同盟の士、追々到る。時に佐野竹之介は、有村に向ひ、海後は我友なりとて紹介せり。因て余は玆に始て有村と初見の挨拶を爲せり。やがて總勢打揃ひたれば、各組合に別れ、追々目的の地に赴きたり。此部署方略は、豫て定めたることにて、其場の總指揮者は關鐵之介なり。見屆は岡部三十郎なり。(岡部は見屆役ゆへ、人數を離れ居り、且つ刀をも佩びず、脇指一本を帶す)又齋藤監物は、斬奸主意書を其筋へ捧げ、一同の志旨を表明すべき手筈なれば、打入の組合には入らざりき(斯く手筈を定き置きたれども、其場に臨みては、齋藤もたまり兼けん、敵中へ打入りて、美事に斬り散らし、其身も重傷を負へり)其各組合は大抵五人づゝにて、他は忘れたれども、余の組合は、佐野、大關、廣岡、森山及余の五人なりき」

この櫻田門外の血戰をば、海後嵯磯之介は語りて「愛宕山を立出で櫻田に著きぬ。時分如何と顧るに、彼未だ登城の模樣もあらざれば、余の組合は佐野竹之介を初として、堀の方に徘徊せり。此時余はかねて本所某より買ひたる勝利散を出し、佐野と共に之を服し、又大關より人參を貰ひのみたり。雪は次第に降りしきり、遠近定かならざりしが、關鐵之介は、登城の大名を見物する體を裝し武鑑を手にし、同じく堀の方に來りぬ。兎角する内に井伊の行列來るを見受けたれば、關は向の側に行きたり。

佐野は堀の側に進み、早や羽織の紐を解かんとせしに、大關はまだ早しとて猶豫せしむ。間もなく供先の方に物音騷しく、一同斬りかゝりたれば、彼の供方はどつと崩れ立ち、駕籠側は頓に透きたりと覺ゆ。

此時稻田重藏にもあらんか、半合羽著たる者突進して、駕籠を突き貫きたり。是と同時有村、廣岡も馳せ來りて、他の側より突を入れ、瞬く間に駕籠の戶を打明け、彼の首級を打取りたり。有村は彼の首級を刀の先きに貫き大音に呼はり、一同に鬨を揚げたり。是兼て首級を獲たる時は、鬨を揚ぐる筈なればなり。

初め事の起りし時は、何となくせきて、彼從者が、右往左往に亂る間に飛入り、正堂の掛聲（豫ての暗號、正々、堂々の意）にて、味方をば辨ずれども、目先きほの暗く、恰も夜の引明け位の心地せしが、少し斬合たる後は、夜の明けたる如くなりき。彼駕籠側のすきたるに乘じ、同志の士が驀地に馳せ來りて、駕籠に突入るや、己れも（海後）後れじと馳せ寄り、一刀突入れしが手答なし。扨てはと取直して、再び前の方を突きたるときは、慥に手當りありき。間もなく有村が首級を刀に貫きて、呼はりし時、眞に白晝の心地せり。

此時佐野は彼追蹑者數人と斬り結び、尙後に留り、其他彼處此處に鬪へり。關は此時迄傘を持ち居り、眞の指揮者とは見受けたり。又齋藤は組合には入らず、首尾よく見屆けて、書を閣老に捧ぐるはづなりしが、現場に臨みては、憤慨抑へ難く、切り入りたるものと見えたり。

森、杉山、大關、森山は同行にて、閣老へ出んと言ひ、大關は咽喉の邊に創を受けしが、輕傷にて、もはや血も留りしとて、擦りつゝ行きけり。道不案内なれば、傍に通りかゝりし小者體の者を見て、脇坂へ案内せよと命じたるに、彼は戰慄して知らずと謝す。杉山一喝して、之を嚇し、案内させたる樣子なりき。山口は左肩に深手を負ひ、歩行ならずとて、余に介錯を頼みしが、余は後より鬪も來ればとて、分れたり。少し行くに跡より聲を掛くる者あり。顧みれば有村、廣岡は、彼の首級を刀尖に貫きたるまゝ、擔ひ來れり。夫より三人にて、日比谷の見付を通行するに棒を持たる者、三人計り見えたれども、敢て追來らず。廣岡は歌詩を吟じつゝ行けり。辰の口に到りし比、二人は深手にて、歩行かなはず、やむなく余は別れて、役屋敷に出でんとせしに、皆堅く門を閉ぢ、辻々には棒つき番人居り、通行する能はず、再び辰の口に來りし時、二人は既に前に伏して、絶命の體なり。群衆取り圍みて、近寄ること叶はざれば、是より余は一人の進退と決したり。」

金子孫二郎の京都行に從へる佐藤鐵三郎は、當時を手記して

「櫻田に至る時は、五つ頃（午前八時）と覺へたり。程なく登城の大名通行するものあり。依て堀端に沿ひ、行き還りせるをり、蓮田、鯉淵に逢ひたり。互に默して過ぎ、赤門近く至り、動靜を伺ひけれども、出門の模樣なし。又引返して松平侯、上杉侯の邸前を徘徊せる比は、同志の士、皆堀曲り角より土手に沿ひて散布せり。元惡遲しと、待ち兼ねたる景色にぞ見へたり。雪は曉にかけて降り出し、愈〻烈しくなりぬれば、咫尺も辨ぜぬばかりに散り亂れ、往來の人も至て稀なりけり。

時に西の方より行列嚴めしく押來る大名あり、近づき見れば一本道具なり。是則大老井伊掃部頭とぞ知られたり。余は首尾如何と、只行く方を見詰めてありしが、先供やゝ堀端を曲り、櫻田門の方に向きたる時、合圖の小砲一聲轟きたり。偖こそと思ふ間もなく、ひた〳〵と先供の中に切りかかる。彼不意を襲はれ氣や奪はれけん。前後一時に崩れたち踏み留て戰ふものも、多くは事の起りたる方に向へければ、駕籠は中途に逡巡し、陸尺《ろくしやく》は只狼狽の體にぞ見へたりけれ。かゝる處に五六人無二無三に駕籠を目掛けて突き入たり。程なく駕籠を打倒し、しめた〳〵と連呼せり。（此日は大雪ゆへ、大老の供方、悉く合羽を著し居り、進退も自由ならず、剩へ大小は柄袋をかけたれば、俄かに拔刀も出來難く、狼狽せしも理りなり。嗚呼天我義擧に感應せしにやありけん）

余此聲を聞くと齊しく、南を指して疾步し、虎の門より駕籠に乘り、赤羽根に至りて、金君より托されし槍のことを思ひ出し、之を購ひ、駕上に結付け、尚駕夫を増して飛せたり」

また畑彌平の手記によれば

「塚田弘平（一刀流劍客）方へ一宿、てつ夜仕候處、大雪。天なる哉、命なる哉と、獨り悦び、夜の明るをまち、同人方より無印の傘一本、足駄一足借受、霞ヶ關より場所へ望候處、井伊家の見張とおぼしき士、立廻り候に付、内櫻田西御丸を通候處、最早諸大名供侍充滿致居、一見仕、夫より和田倉御門へ貫け、日比谷御門を通り、又場所へ參り候處、未だ出仕無之樣子、傘見世へ入（葭簀張の茶屋）茶椀酒抔呑居候ても、勇士不ㇾ見、如何せんと霞ヶ關へ罷歸り候處、藝州の門前にて、岡部三十郎、關鐵之介、有村次左衞門、合傘、何れも木綿合羽、野羽織、馬乘袴、或は立付袴、手傘にて、山口氏、齋藤、佐野竹之介、追々に被ㇾ通候間、行違通り過し、又場所へ戻り候處、傘見世二軒に入込、てんでに食ひ、よそながらの挨拶にて罷在候處、尾張樣御通行、最早御上りとおぼしき頃、刻限不ㇾ違、兩門さつとおしひらき、割供にて行列、中央駕籠を見掛け、佐野、齋藤をはじめ突込候樣子、いとも烈しき風雪に、血煙立て戰、合言葉、太刀音かまびすしく、たばこ二服ばかりの間にて、只々夢の心地、誰彼の戰功不㆓相譯㆒、諸家供侍共、縱横に馳け失せ、鯉淵要人、杉山彌一郎の戰を、一見し居候內、有志何方へか引揚候哉、見失申候。杉山、鯉淵、海後外一人聲々に首級上り候合圖を呼はり、血刀を納め、長州門前方へ立退申候。私儀は幸橋御門へぬけ、塚田氏へ參り、右物語候處、飛上り滿悅致候」

杵築藩留守居興津某の實見談によれば

「窓下騷ヶ敷に付、何事やらんと覗見候處、大名衆誰に候や、槍、箱、駕籠舁等も不㆓相見㆒、大下水側にて駕籠の者と白鉢卷たすき小襠の者とあなたこなた切結び居り候。其樣眞劒は程隔てせり合よし昔より聞及び候へ共、左はなく、刀半又は鍔共際にてせり合候と、勝敗付、忽ち四五人切倒され此節大下水の方へ寄戰ひ暫く駕籠の邊透候と、大兵の男一人並背の男一人駕籠を目がけ、頓て上下着たる主人を引出し、一人は背中三太刀程打候が、マリ抔蹴候樣の音三度計いたし候と、彼の大兵の男首を切り大音を發し、其聲前後聢と不㆓相分㆒、井伊掃部とまでは聞え候に付、偖はと其時井伊殿と知り候。其首を三人して守護致し、日比谷の方へ引く跡にも接戰所々に有之候處、追々倒れ候と、敵方何れも日比谷の方へ立退き、彼の駕籠脇に有之亡骸に、深手負ひたる駕籠脇の侍一人漸くたどり寄り、向ふに持ち行く首を見て、其れをやつてはとて、又亡體に取付き愁傷の有樣見るに忍びざる體に有之、既に其侍も落命の様子見るに忍びざる體に有之、又敵を追行先にも候や（此間脱文あらん）兩人是も深手の様子ながら、彼主人亡體を駕籠の中へ納め、兩人にて舁たる所、中々歩行も不ㇾ叶、大隅守屋敷下へ少々寄り、其儘差置、兩人とも倒れ、然る處、何より參り候哉、赤合羽着たる者兩人にて駕籠を舁揚げ、血刀下げたる駕籠脇體の者一人、是も深手の様子ながら、駕籠取附添歸候處、駕籠井伊殿表門當りへ參る頃、色々の出立にて、何れも鐵砲、槍、棒抔持、五六十人あわたゞ敷、大隅守前迄參り候處、跡より上下着たる者駈付け、何か制止候様子にて、何れも引取候跡、供駕籠舁等はいづれへ散亂いたし候哉、窓明け候頃は、見受不ㇾ申候。却て跡片付候迄、半時もかゝり不ㇾ申候。接戰中は時計三歩計りにて至て早く相濟」

第七章　斬奸書提出

十八人の義徒の中、稻田重藏は四十七歲にて、その場に討死し、有村次左衞門と廣岡子之次郎とは敵井伊大老の首を取つたが、廣岡は重傷のため、辰の口にて自殺、時に彼は僅か年十九歳。また有村もまた深手のため同所遠藤但馬守の辻番所にて自殺。時に彼は二十一歳。なほ山口辰之介と鯉淵要人は共に重傷にて、八代洲河岸にて自殺。時に山口は二十九歳、鯉淵は五十一歳であつた。

森五六郎、大關和七郎、森山繁之介、杉山彌一郎は細川越中守の邸に自訴し、齋藤監物、佐野竹之介、黒澤忠三郎、蓮田市五郎は閣老脇坂淡路守に自訴した

意氣揚々たる彼等は堂々と斬奸主意書を提出した。

「謹で龍野侯執事に奉㆓上言㆒候。執事御義御賢明に被㆑爲㆑在、天下の御政道無㆑邪御取計被㆑遊候御義と奉㆑存候間、草莽之我々共申上候は、恐入候へども、存詰候義、無㆓伏藏㆒別紙に相認、奉㆓讀尊覽㆒候。追々御大老井伊掃部頭所業を洞察仕候處、權威を恣に被㆑致、我意に叶はざる忠誠厚き人人をば、御親藩を始め、公卿衆大名御旗本に不㆑限、讒誣致し候て、退隱幽閉等被㆓仰付㆒候樣取計ひ、就中外虜の義に付ては、虚喝の猛勢に恐怖なし、神州の大害を釀し候不㆓容易㆒事を差許し、御國體を穢し、乍㆑恐叡慮を奉㆑惱、勅意にも奉㆓違背㆒候段、奸曲の至り、天下の大罪人と可㆑申奉存

候。右罪狀の義は、別紙にて、委曲御熟覽、御熟慮の程奉レ祈候。扨右樣之奸賊御座候ては、此上益〻將軍の御政道を亂り、夷狄の爲に被レ制、禍害を來し候義、眼前にて有之、實に天下の御安危に拘り候義と奉存候故、京師へも及二奏聞一、今般天誅に代り候心得にて、斬戮仕候事に御座候。毛頭公邊へ御敵對申上候義に無之、且全く我々共忠憤の餘り、天下の御爲と存詰候ての事に御座候間御法の通、如何樣御處置被二仰付一候共、御恨不二申上一候。依ては元主人家譴責を蒙り候樣の儀無之樣奉願候。將又此上は、天下の御政事、正道に御復し、忠邪御辨別被レ遊、殊更夷狄の御取扱に至り候ては、祖宗の御明訓御斟酌被レ爲在、華夷内外の辨、得と御勘考被レ遊、勿論聖明の勅意に御基き、御判斷の程奉二渇望一候。罪不レ顧二萬死一、奉二申上一候。恐惶頓首。

月　日　　元水戸藩中　姓　名

元薩摩藩中　姓　名

伏呈

龍野賢侯　執事

斬奸書の副書

「墨夷浦賀へ入港以來、征夷府の御處置、假令時勢の變革も有之、随て御制度も變革なくては、難相成事情有之候とは乍申、當路の有司專ら右を口實として、一時偸安畏戰の情より、彼が虚喝の勢焰に恐怖なし、貿易和親、登城、拜禮をも指許し、條約を取替し、踏繪を廢し、邪教寺を建、ミニストルを永住爲致候事、實に神州古來の武威を穢し、國體を辱しめ、祖宗の明訓、孫謀に戻り候のみならず、第一勅許も無之儀を被指許候段、奉蔑如天朝候儀に有之、重々不相濟事に候。

追々井伊掃部頭所業と致洞察候に、將軍家御幼少の御砌に乘じ、自己の權威を振はん爲、公論正議を忌諱り候て、天朝公邊の御爲筋を、深く存込候御方々、御親藩を始公卿衆、大小名御旗本に不限、讒誣致し、或は退隱、或は禁錮等被仰付候樣取計候儀、夷狄跋扈、不容易砌と申し、內憂外患追日指迫候時勢に付、恐多くも不一方被惱宸襟、御國內治乎、公武御合體、彌長久の基と被爲立、外夷の侮を不受樣被遊度との叡慮に被爲在、公邊の御爲勅書御下げ被遊候かに奉伺候處、違背仕、尙更諸大夫始有志の人を召捕、無實を羅織し、嚴重の處置被致、甚敷に至候ては、三公御落飾御愼、粟田口親王をも、奉二幽閉一、勿體なくも大子御讓位の事迄奉レ醸候件々、奸曲莫レ所レ不レ至矣。豈天下の巨賊にあらずや。

右罪科の儀は委細別紙に相認候通に候。斯る暴横の國賊、其儘指置候はば、ますます公邊の御政體を亂り、夷狄の大害を成し候儀、眼前にて、實に天下の安危存亡に拘り候事故、痛憤難二默止一、京師へも及二奏聞一、今般天誅に代り候心得にて、令二斬戮一候。

申迄には無レ之、公邊へ御敵對申上候儀には毛頭無之。何卒此上聖明の勅意に御基き、公邊の御政事、正道に御復し、尊皇攘夷、正誼明道、天下萬民をして、富嶽の安に處せしめ給はん事を希ふのみ。聊か殉國報恩の微衷を表し、伏して天地神明の照覽を、奉レ仰候也。

別紙存意書

皇國千萬世、天日嗣連綿照臨し給ひて、伊勢の神宮も、上古に替はらせ給はず、神道を尊び、武力を尙び給ふ事、自然の遺風餘烈なれば、古より遠略をのべ給ひ、且夷狄の禍有之候へば、精々退攘し給ひし事、青史に著しく、今更奉二稱揚一に不レ及。武將の世となりても、弘安の蒙古を鏖にし、文祿の朝鮮を征する事共、神州の武威を海外に輝し候義、人口に膾炙する所なれば、是又贅言を不レ得。

東照宮に至給ひては、尊皇攘夷の御志深く被レ為レ在候は不レ及二申上一、但勃興の御盛時なれば、其初は諸蠻來航、通商も許し置れ玉ひしかども、諸蠻も畏服して、覬覦の念を達する事ならず。然る所東照宮終に其巨害ある事を洞見し給ひて、洋敎の禁を嚴にし給ふ。大猷公（家光）に至りて、益邪徒を驅斥斬戮し、三眼の明を、四海に布き給ふ事、誠に千古の英見卓識にて、後嗣遵奉し給ふ所なり。

扨近時に至りては、夷狄狡謀黠略の者多く出で、萬國へ通信貿易し、遂に小を併せ弱を制し、次第に境界廣大に相成候勢に乘じ、屢ゝ神州をも覬覦するに至る。乍レ去打拂命有之時は、格別の事は、仕出す事も成得ずして打過ぎぬ。

天保十三年打拂之令を停め、仁恤せられしより、頻りに來航し、跋扈の態を顯はすに至る。就中嘉永癸丑墨夷浦賀へ入港、威暴を示し、難題申掛候以來は、征夷府の御處置方、古今時勢の變革も有之、一概に御國威御主張難レ被レ遊儀は、治世の風習、左も可レ有レ之事に候へども、申迄も無之、夷狄貪婪、元より饜く事なく、殊に狡謀譎計を挾み、覬覦の念を逞く致候故、耶蘇の術中に落入り、神州の泰否にも拘り候重大の事に候へば、華夷の辨、和戰の議、始終著眼の大基本、御廟議御一定の上、諸御制度御變革無之ては、時勢に於て不相叶筈に候へども、近來諸蠻夷の御扱振、推案仕候に、乍憚一定の御廟算如何可有之哉。

去る卯年（安政二年）迄は、追々内備嚴整の御達有之、邊海の御守衞被仰付候大名に至りては多年防禦の爲、國力を費し、被勵忠勤候處、不圖も去る辰年（安政三年）和親交易御取結の上、恐多くも征夷將軍の御居城へ、夷狄共登城被仰付、剩へ御饗應尊敬を被盡候有樣、春秋城下の盟を恥る比較にあらず。神州古來未曾有の御失體にて、實に冠履例置の御處置と可申、驚嘆の至りに候。

假令御國政の儀、關東に御任せに相成居候とて、斯る重大の事件、第一勅許不被爲在候儀を、全く掛りの有司數輩の了簡を以て、五ヶ國へ本條約指許し、將軍家御印章の御書翰迄被指遣候始末、何程偸安の末俗、戰爭に及候を恐怖致候とて、天下後世へ對し、大義名分と申も有之、征夷の御任如何可有之哉。

忝くも武門の列につらなり、二百年の恩澤に浴し居候ては、不堪悲泣至候。況や德川家譜代恩顧の士、東照宮の御神靈に奉對、沈默傍觀致居候儀、廉恥無之と可申、決して不相濟事也。

拱陳する迄も無之、天下の所聞見に候へども、前件夷狄交易の儀、如何樣にも勅許申請度所存にて、去る午年（安政五年）春、堀田備中守上京致し、金錢を以て、關白殿下を誑惑致、勿體なくも龍眼を可レ奉レ暗と陰謀祕計不二一方一候處、今上皇帝聰明絶倫、千載不世出の型世に被レ爲レ渡、皇國開闢以來、尊嚴の國體、淳厚の風俗、今上の御代に及び、夷狄の爲に消却汚穢被レ致候ては、第一伊勢神宮を始め、御代々の御神靈に被レ爲レ對、王位の御任不レ被レ爲レ濟、尤も戰を被レ爲レ好候には無レ之、國體を不レ失、萬民安堵に被レ遊度との叡意より、畏くも一七日の間、供御御絶被レ遊、石淸水へ御祈誓被レ爲レ籠、關東より如何樣被二申立一候とも、一切御許容難レ被レ遊、萬一非常の節は假令萬里の波濤を越へ、孤島に終り候共、御憾み不レ被レ爲レ在候へども、泉涌寺（歴代御陵）を御離れ被レ遊事は、難レ被レ爲レ忍と、竊に宸襟を御濕し被レ遊候御事傳承仕、四海の人民、誰か感激悲泣せざらんや。

當二此時一神州の命脈、累卵よりも危き事なりしが、百官群臣忠憤切迫の餘、八十八の堂上方、禁中へ馳集り、萬死の力を以て、諫奏を奉り、其外有志の大小名、勤皇の微忠を献ぜし故、三公御始め、彌增し感憤被レ遊、三陸の外、近畿及數ヶ所の開港、幷夷狄永住、耶蘇寺取建等の儀は、一圓御許容難レ被レ遊趣、以二勅命一御下知被レ爲レ在、尚又内地人心の居り合如何に付、大小名の赤心も被二知食一度、尤も衆議奏聞の上、叡慮難レ被レ決候はゞ、伊勢大神宮神慮可レ奉レ伺との御儀、三月廿八日議奏衆より堀田備中守へ御返答書被二指下一、俄に下向被二仰出一候趣の處、夷狄に内條約の儀、既に被二指許一候事故、諸大名の赤心、有體に達二叡聞一候樣には不二相成一。依て表向天下へ意見、建白の達は有之候へども、蔭より某某等を以て、專ら西洋の事態を強大に主張し、交易御指許は一時の權宜無二御據一、萬一關東の御旨意に違候ては、家々の爲にも不二相成一と、吉凶禍福を以て遊說いたし、尙又御三家方へは御建議の文意認直し候樣、御内諭も有之由に候へども、水戶前中納言殿（齊昭）には、關東輔弼の名將に有之、尊皇攘夷の御論、始終一致の御方故、御廟算伺書といふ書一册當今の急務より、將來の害まで、丁寧誠實に建白被レ致、尾張中納言殿にも、御内諭に不レ泥、京師の御旨意に本づき、御處置無之候ては、不二相濟一と被二申立一候よし。實に難有事と謂つべし。

其後彌勅許の有無に不レ拘、關東の御決斷を以て、假條約御指許し相成候趣に付、御三家にては尾張殿、水戶殿、御三卿には田安殿、一橋殿、御家門には越前殿、忠誠無二の御方、御一同登城に相成、將軍家御對顏被レ願候處、御所勞にて、御逹無レ之、依て元老井伊掃部頭初め御呼出し、天子の勅令、御遵奉無レ之、假條約御指許しに相成候ては、將軍家御違勅の罪御遁被レ遊間敷、東照宮以來、御代々樣へ御對被レ遊候ても、如何可レ有レ之哉、各方の了簡承り度旨、御一同御演述に相成候處。

御目前にては、掃部頭始奉ニ畏服一候由に候へども、執頭の威權を以て、不日條約指許し、恐多くも將軍家を、御不忠御不孝に奉レ陷、徳川氏の御稱號を千百歲の後迄奉レ穢候のみならず、將軍家御大病、人事をも御辨無レ之砌に乘じ　無實の罪を羅織し、御親戚の御方々を奉ニ禁錮一、其他正義の大名、松平土佐守（山内豐信）始兩三人、御威光を以て、無體に隱居爲レ致候所業、惡むにも餘りありと可レ申。

且又御幼君の御時節を幸とし、御三家の權勢を摧かん爲、御連枝又は家老にて、本家主家をも押領掌握せんと、奸曲の巧みなる松平讃岐守（水戸支藩）水野土佐守（紀州家老）、竹腰兵部少輔（尾州家老）等徒黨に引入れ種々奸計を運し、且我意に隨ひ不レ申正義の士を貶斥し、東照宮以來の美意良法追日破壞に及候事長大息の至りに候。

其後八日に至り、叡憤の後三家大老の內、上京致候樣、重き勅書御下げに罷成候處、御請にも指支、尾水兩家の義は、不束の儀有之、愼申付、掃部頭儀は御用多にて上京難ニ相成一、且先役堀田備中守等取扱候儀、今更ら致方も無之、依て嚴重申付候旨、議奏衆迄申立、己が逆罪を遁れ可申と相工み、間部下總守上京爲レ致、專ら恩威を以押付候所存にて、賄賂を用ひ、九條殿下を徒黨に引入れ、內藤豐後守へ命じ、御所向取締彌重に致し、恐多くも　天子御讓位をも被レ遊候樣奉レ要候へども、三公（鷹司、近衛、三條）御初め、御賢明の御方にまし〳〵奉ㇾ輔二佐叡慮一候に付、朝威確乎として、御撓み不ㇾ被ㇾ遊、依之無實の御罪申觸し、鷹司殿、近衛殿、三條殿等御落飾御愼被ㇾ遊候樣取計、其他諸大夫始め、何一つ罪科無ㇾ之者を召捕、關東へ指下し、それぞれ非道の處置致し、專ら虎狼の猛威を以て、天下を屏息せしめ、畿内の開港、幷に邪教寺取建等、本條約指許し、且は青蓮院宮樣の御英邁を奉ㇾ忌、御失德有ㇾ之樣申觸し、御寺務取放し、奉二幽閉一候所業、乍ㇾ恐玉體にも可ㇾ奉ㇾ迫機、顯然にて此條、足利の暴横に均しく、共に天を戴かざる國賊といふべし。

嗚呼此儘に打過れば、赫々たる神州、一兩年を不ㇾ出、內地の奸民邪教に靡き、彼が勢焰を助け、皇國の奸賊平身低頭して、彼が正朔を奉ずる事、掌の上に見るが如し。苟も人心有之者、實に痛哭長大息に不ㇾ堪事ならずや。

雖ㇾ然東照宮の御德澤、未だ地に不ㇾ墜、御三家御一門には尾張殿、水戸殿、一橋殿、越前殿、阿波家、因州家の如き、德川家輔佐の良將も有之、外諸侯にも、薩州、仙臺、福岡、佐賀、長州、土佐、宇和島、柳川等、天下の爲、忠憤の念、日夜怠らざる有名の諸侯も不ㇾ少候へば、內は則ち御家門方、將軍家を奉二輔佐一、專ら內政を修め、外は則ち有名の諸侯、一意忠力を盡し、武備を整へれば、神州の恥辱を一洗して、叡慮を奉ㇾ安候事、天地神明に誓て疑あるべからず。依之當今事態の概略を記して、天下の公論折衷を待ち、左袒して天下を興起せんと欲する所なり。

周の衰る婦人より不」恤」緯して周室の亡ぶるを憂ひしに、まして三千年餘の天恩を戴き、二百年來東照宮の恩澤に沐浴する者、誰か報效の念なからんや。

草莽の小臣痛憤切齒の後、寢食を不」安、日夜遺憾を呑で、時勢を憂ひしが、彼の罪惡、追」日増長、豈唯德川家の罪人のみならんや。實に神州の逆賊なり。天地神人同憤の時に乘じ、天下諸藩の同志と合力同心して、天下の奸賊を誅伐し、神罰を蒙らしむる者なり」

——この斬奸狀こそ、百世の後、なほ人心を感奮昂起せしむる烈々たる忠誠殉國の神氣に滿ちたるものである。

第八章　烈士の處置

櫻田義擧成功するや、烈士等は死せる者、自訴せる者、潛伏せる者あり。自訴せる者の一人、蓮田

市五郎は當時を物語りて

「一體本望を達せし上は、一同引纏り、內藤紀伊守殿へ自訴に及ぶの約束なりしよしを知るもあり不」知もあるか、且內藤の屋敷は何れも不」知ゆへ、まち〳〵に予（蓮田）も大關等五人と行けば、黑澤、佐野、齋藤、いづれも深手にて、跡より呼ばる故、立戾して、或見付番所へ行き、御老中の役宅へ案內を賴申度段申込めば、別坐のもの共、上を下へとをしかへし、只ぶる〳〵の體にて、何の返答も無之ゆへ、不」得」止又々引返し、八代洲河岸を過ぐ。山口、鯉淵兩人自裁してあり。夫より辰の口迄至る。是非〳〵田安樣へ罷出、一封の書付を、奉」呈意義なれども、齋藤何れにも打疲れて、步行成兼よりして、脇坂殿へ參り、右の次第を訴る。待つこと久して內玄關へ通さる。家老體の人物、兩三人にて事實を問。乃ち懷中の一封を取出して指出す。八つ時（午後四時）比に至り疵所治療を受、予は右のかた二寸餘（二針）同じく腕三寸程（三針）なり。予治療を不」受して割腹せんとす。皆曰く何ぞ從容死に就かざると。こゝに於て、思ひとゞまりぬ。

日暮に及て、一同申渡を受く。其文は水戶樣御家來黑澤忠三郞、佐野竹之介、蓮田市五郞、齋藤監物、思召有之、石谷因幡守へ御引渡遊さるゝものなり。

又石谷より申渡さる。水戶樣御家來黑澤忠三郞、佐野竹之介、蓮田市五郞、齋藤監物、此度細川越中守へ御預け被二仰付一ものなり。細川家より受取の役人人數大勢引連れて詰居、直樣引渡になる。佐野は深手、遂に脇坂家にて落命す。翌四日、大關、森、杉山、森山四人は、細川家へ自訴に及び、預けに相成居候由。附入より承る。座敷の間隔りて、其人々に逢ふを能はざれども、ひとしほ床敷心地す、五月黑澤、大關、森山評定所へ出る。齋藤と予は不レ出。七日は一同出る。齋藤は深手にて不レ出。八日朝四つ時（午前十時）齋藤遂に落命す。九日の夜六人共、御預替に成る。予は八丁堀本多修理之介殿家來へ預けに成る。本多家は嚴重の御手當にて四方格子、都合にて三圍なり。役人下人迄には、十人計日夜守衞す。

十二日評定所へ出る。四人の死骸を瓶へ鹽漬にいたし、出して予をして、其姓名を云はしむ。予不レ覺潸然たり。日數經れば、其人の容貌甚だ相違せり。みれば山口辰之介、廣岡子之次郎、稻田重藏、鯉淵要人なり。山口、鯉淵は八代洲河岸にて自裁。稻田は場所にてか。又卽死か不レ知。廣岡は有村と共に辰の口にて自裁すとも云。有村は賊魁の首を抱き死すと云。關鐵、岡部、增子、海後、廣木は行衞不レ知と云」

關鐵之介は、岡部三十郎と共に、現場を去り、野村彝之介、木村權之衞門とともに、後事を處理し三月五日、江戸を出發して、中山道より上方に赴く。

まさに約の如く、首領金子孫二郎は、京都に上らんとして、現場を實見せる佐藤鐵三郎に逢はんため、三月三日午前、鮫洲の川崎屋に藩士有村雄介と共に來り、事成れるを知り、大いに喜ぶ。

直ちに、西上の支度をなし、三人江戸を出發、——早くも東海道を下り、九日、四日市に着。その深更、金子等は、薩吏のために捕縛されたのであつた。

これより先き、大久保利通等は、藩主島津久光に對し、大いに義兵上京のことを力説したが、遂に容れられず。かくて金子有村等が、必ずや薩藩の出兵あらんことの期待は全く無念にも裏切られたのであつた。

金子孫二郎は、有村と訣別せんとして、悲痛なる言葉を殘し、

「尊藩君公御先代（齊彬）勤皇の御遺志を繼ぎ、神州の爲、大いに御周旋あらんとす。是吾輩兼て敬慕する所にして、賴て以て今回の企圖を貫通せんとするの原因なり。然れども今進退此に谷り、唯一死あるのみ。聊か衷情を吐露して、竊かに君公の高聽を瀆さんとす。匆卒の執筆、其意を盡す能はずと雖も、仰ぎ願はくば、之を左右に達せんことを、是訣別に臨て君に切望する所なり」

金子が有村に托したる薩藩主への陳情書

「一昨年非常之叡慮を以、幕府幷に水藩へ勅諚御下相成候に付、兩寡君（齊昭、慶篤）は勿論、闔國の有志頗る盡力仕候へども、嫌疑甚敷、昨年に至候ては、幕府より嚴重被レ蒙二御咎一候程の時勢にて、今以て勅諚傳達にも不二相成一、勅意奉行被レ致候義も不二行屆一、上下一統奉二恐入一悲痛仕候に付、各寃罪洗雪仕、勅意奉行被レ致候樣、周旋仕度志願にて、屛居の身、不レ顧二萬死一去月（萬延元年二月）十八日、國元出發仕候。

尊藩には先公の御遺志、御繼述、專ら勤皇の御精忠被レ盡候思召被レ爲レ在候段、傳聞仕、兼々奉二欣慕一候間、京攝の間に潛匿仕、御同志の御方より御內聽幾重にも御盡力奉二希上一候所存にて微行仕、尤道中至て艱難の時節に付、御家中有村氏同伴相賴、尊藩の名目にて通行仕候處。

四日市驛にて、不慮の次第に及、一身の恥辱無二此上一候へども、元來志願を達候儀本懷の筋に付事の成否突留候迄は、如何樣の恥をも忍び、累囚終り、他鄉の鬼と相成候とも、此先尊藩に御すがり申上候て、本意相遂申度、勿論本藩の事のみには無之。

將軍家御幼年の時節に乘じ、幕府の權臣、我意を專らにし、正議の宮、公卿方を初め、御貴戚の御方を罪し、忠義の士を殺し、恐多くも天朝を奉二蔑如一、外夷を親み、交易の條約を定、國體を恥しめ候義にて、實に天下の大事に御座候間、天下の寃罪を被㆑爲㆑解、水幕にこの勅諚奉行仕候樣、御周旋被㆓成置㆒、奉㆑安㆓叡慮㆒、國體を御維持被㆑爲㆑在候樣、御英斷の御事業、奉㆓至願㆒候。至難の世態、老軀の志願、空敷死地に就も難㆑測御座候處、志願の趣、諸君御酌取被㆑下、宜敷太守公へ被㆓仰立㆒、猶御周旋御盡力の程奉㆑願候。頓首。

三月十二日

櫻田義擧の首領の一人なる高橋多一郎は、三月五日、伏見に着、六日大阪に赴いた。しかも幕吏の追跡は愈ゝ嚴しく、高橋父子は大阪に身を措くことは不可能となつた。今や事こゝに至り自裁することに決した。時に父多一郎四十七歲、子庄左衞門は十九歲にて、彼等は三月二十二日夜、同志と別れの杯を交し、二十三日早曉、捕吏家を圍むや、彼等父子は從容として、その圍を衝き四天王寺に至り、切腹して果てた。

薩藩の有村雄介は、三月二十三日、鹿兒島に到着、藩廳は直ちに同夜、有村に切腹を命じた。

第九章 烈士處刑

文久元年七月二十六日――幾多の波瀾の後、漸く宣告が下され、處刑された。

水戸殿家來

大關和七郎
森五六郎
杉山彌一郎
蓮田市五郎
森山繁之介

外夷に被レ爲レ對、御處置振等品々申唱、銘々申合、國許出奔致、剩へ多人數徒黨を結び、重き御役人登城の節、御場所柄をも不レ憚、及二亂暴一候始末、公儀を不レ恐仕方、不屆に付、死罪申付者也」

金子孫二郎に對しては文久元年七月二十六日に、次の宣告がなされ、刑に就いた。

水戸殿家來

金子孫二郎

右之者、遂二吟味一候處、外夷に被レ爲レ對候處置振等、品々相唱、重き御役人へ及二亂妨一手筈等、同志の者へ及レ噂置、其身は存念有之候迚、同藩清軒四男佐藤鐵三郎を召連、松平修理大夫家來雄助倶に身分を僞り、上京可レ致仕成候段、不レ恐二公儀一仕方、不屆に付死罪申付く」

關鐵之介は、諸地方を流浪し、潛伏して事を謀らんとしたが、密偵に追はれ、遂に文久元年十月に捕へられ、同二年五月十一日、斬罪に處せられた。

岡部三十郎も、文久二年二月捕へられ、七月二十六日に斬罪に處せられた。

増子金八と海後嵯磯之介、野村彝之介のみは、潛伏して捕吏を逃れ、明治の時代まで生存した。

當時の詩人、村上佛山は、義擧を詠じて

落花紛々雪紛々　雪を踏んで花を蹴り伏兵起る
白晝斬取る大臣の頭　噫嗟時事知るべきのみ
落花紛々雪紛々　或は恐る天下多事此に兆すを

幕府當局は、この大事件に周章狼狽して爲すところを知らず、只管に危局を糊塗することにのみ汲汲とした。かくて幕府は事變當日井伊家に命じ、その暗殺の事を否定し、陰匿せしめ、單に負傷とのみ報告せしめた。

「今朝登城掛け、外櫻田御門外松平大隅守門前より上杉彈正大弼辻番所迄の間にて、狼藉者鐵砲打掛け、凡そ貳拾人餘り拔連れ、駕を目懸け切込候に付、供方の者共防戰致し、狼藉者一人討留め、其餘手疵深手等爲」負候に付、悉く逃去申候。拙者儀捕押方指揮致候處、怪我致候に付、一と先歸宅致候。尤供方手負死人、別紙の通御座候。此段屆申達候。以上。

三月三日　　　　井伊掃部頭

江戸老中は京都の所司代に報告して

「今三日朝掃部頭登城懸け、外櫻田に於て、水戸殿家來共凡三十人程、短筒等相用ひ及二亂妨一、掃部頭家來共多人數死傷等有之、掃部頭にも怪我致し候。

右に就ては水戸殿より御所向其外堂上方等へ手入被レ致、且同類の內、上京致し候者可レ有レ之哉も難レ計候間、無二油斷一御心付、夫々嚴重に手當可レ被レ致候。先此段御自分御心得迄に不二取敢一內々申進候。以上

三月三日

安藤對馬守

脇坂中務大輔

內藤紀伊守

松平和泉守

酒井若狹守殿

三月四日には、小納戸頭取鹽谷豐後守を上使として、井伊邸に遣し藥用として朝鮮人參を下さる。

かくて漸く三月末日、大老の役を免し、閏三月晦日に至り、始めて死が發表された。

四月二十八日、次子愛麿に家督を相續せしめ、御先手、京都の守護を命じ、八月二十六日には、愛麿を左少將に任じ、掃部頭を稱せしめた。

第二篇　近代日本海軍の創建

第一章　海軍傳習所

勝海舟は、その著「海軍歴史」に於て、

「我邦海軍の術、歐式に準據して興るものは、當時の執政及び要路に當る者の深く往事を鑒み、後來を計るの其宜しきを得たるに出づると雖も、固とよりオランダ國王多年の交際を推考し、忠告の懇切なるに胚胎し、且つ嘉永の末、安政の初に、ドンクル・キュルシュス氏を我が邦に派遣し、海外の形勢を詳明し、並にヘデーの艦將フアビユス氏の建白甚だ精悉にして、我が幕議を促がすに足れるを以て、終に海軍創立の議決定す。後年我邦の海軍盛大に擴張し、國旗を海外に飜へし、武威を輝かすに到るも、其最初當時の決議に生ずるなり」。と

オランダ甲比丹ドンクル・キュルシュスは、長崎奉行に書翰を與へ、幕府の必要とする蒸氣船の購

買は、當時ヨーロッパの戰亂にて不可能なること、更に世界の趨勢よりして、日本に近代海軍の創設を必要なりとしてスームビング艦の艦長ファビュスの意見書を添へて、提言するところがあつた。

ファビュスの日本海軍創立に關する意見書

「内密、書記　當寅（安政元年）閏七月二日於㆓出島㆒認之。

一、幸福豐饒の大日本高政府御好有て、歐羅巴流の海勢船備思召立御座候趣、究竟の事と承㆓知之㆒仕候。御當國に於ては、萬端事の發達著しき事は、推㆓察之㆒仕候。

一、往古よりの記錄を以熟考仕候に、普く諸州の人民事の改正有て、地理學等を旨としてものするに至て、海勢船備の爲、船を以ての義は、勿論防禦の用に供るは、彌の事にして、通交の方便となる事、顯然の義に候。

一、ペートル・デ・ゴローテ（前のロシア帝）は、ロシア國改正の志有て、既に海勢船備の趣向傳受を得んと欲して、暫くの間其位を退きしと號して、オランダ國に來り、尋常の匠工となりて、其學校に入り、自ら船打建の稽古執行有之候事に候。

一、近世ギリシヤ國人、トルコ國に對して合戰の志出し、第一の趣意は、海勢船備を賴としての事に候。彼勇猛盛のトルコに對し、燒打船及び其他の軍船を以て、幾多の患害をなせし事には無之哉。

一、北アメリカ合衆國の強勇盛にして、獨立の國と成りしも、皆是海勢船備のあるを以ての義に候。盛に進退早きアメリカ・フレガット船及びアメリカの賊船普く諸州の海上に散浮し、エゲレスの商買を破壊し、終には海上に於ては、其勢彌盛になりて、既に海備に於ては、比類なき上等の名を得て海外に人を植付し所よりして起り、すでに獨立たるも、皆是斯る所以に因りての義に候。

一、海勢軍船の備は、敢てヨーロッパ、アメリカに限ると申譯には無之事顯然の事に候よしは、是まで夫等の事に疎き國と雖も、海有て港あるの所に於ては、軍船を設け、其防禦の方便となすは、必然の道理に候。

一、アフリカに於てのエゲイプテ（エジプト）テユニス、テイリポーリ、マロツコ、又アジアに於てのシヤム、唐國などは、かゝる設けを成す事に及ばずんば有るべからざるの國々に候。

一、右様の義に候へば、數多の州郡ありて、人民も強勇盛に有之島國たる日本、必ず是等の義、御聞捨には不二相成一哉に被存候。

一、御當國の如き、天然幸福豐饒の國にして國民も亦英才ある事は、人皆知る處に候。雖然唯外國に關係なきを是とのみにして、事の御都合ある時は、自然と後年不穩の御煩頻に懸念に存候。

一、日本は必夫等の爲の方便有之事は顯然に候。誠に結構の諸港あるのみならず、木材鐵銅及其他の諸品、船造の爲には、必ず潤澤可有之候。殊更海濱に生れ住居するの輩においては、小舟に乘覺て風雨の難を凌ぎし事なれば、是等の輩を以て、究竟の航海者に仕立んと敎へるは、何ぞ難き事あらんと考る所に候。

一、是等の利害及說話候上は、御問合の一件回答仕候樣可致候。當日本國海勢船備の御爲に、如何なる類の船可然哉の義、左に御物語可仕候。

一、我諸地圖を以て閱するに、其州郡夥しく渚あり入江あり港あり。爰を以て考るに、其所によりては、每歲定りし風筋あるものならん。然れば此國の爲には、帆前の軍船用をなす事有間敷候。御國帝海勢の船備を思召立の事に候はば、必ず蒸氣船を以て其御用に御供有之候樣有二御座一度事に候。

一、帆前の船なれば、定まりし時限の用を辨ずる事能はず、勿論時期通に軍勢差向都合等難二出來一は顯然にて、萬一逆風吹請或は海上靜にして風無き時に至ては、數月を經ざれば、其用を辨ずる事能はざる義當然に候。

一、右の次第に有之候に付、御備の爲には、蒸氣船に限御必要と相考候。近來ヨーロッパにては、海勢船備の爲、此末打建候ものは、決て帆前に不致、蒸氣船のみ打建候程の儀に相成、旣に是迄出來居候船、若しその仕掛出來候事に候へば、蒸氣船に仕直し候樣成行候義に有之候。

一、プロイス國王事も、海勢船備に志有之、當時治定し打建る所の船々、其國備の爲には、蒸氣船に限と相成候事に候。

一、軍時に當ては、急速事を辨ぜざれば叶はざるものなれば、海陸とも往返に蒸氣仕掛のものにて辨用を是とす。之よりして其兵勢駈引の都合に關係あるを以て如斯候。

一、エゲレス領東印度總督ロルド・ウイリアム・ベンティンキ事、蒸氣船を初發得候時、右船に若干の軍勢を乘組ませ候事相叶、則此時其政司に書通いたし候事左の通に候。

我に御送の蒸氣船毎に、一レギメントの人物乘込候義相叶候。

一、エゲレス領インド、或はエゲレスの敵國に境界する所の大河或は海上に、蒸氣船を以て軍勢を運び、直に發軍の趣向をなせし事あり。既にインドの濱渚、ガンヂス河、テイグリス、ヒンドスタン唐國の內、揚子江等の所々にて勝利を得、近世に至ては、萬端事よく開け、世上に怪しむ所の事も無きが如き程に至り候事に候。

一、東インドに於て、オランダ方勝利を得事整候。かの海賊共征伐一件も、偏に蒸氣船あるを以て、其幸を得候ものに候。

一、右様ヨーロッパ及インド邊に於て、辨利と相成候事故、是等の船、日本の爲にも宜敷事と相考候

一、當時の模樣にては、蒸氣船事は、日本に於て欠くべからざる物と被存候。

一、蒸氣船御手に入候上は、御國の安全繁榮の基と相成るべく候。蒸氣仕掛發明有て加之ホンベカノン（大砲）を以ての趣向ある時は、如何なる事ありて、外國の輩敵對する事ありと雖も、右等の方便を以、防禦の無レ恙を得ること可レ有レ之候。

一、漸々申立候如くの次第に候間、於二日本一海勢船備の御手當思召立の事に候はば、蒸氣船に限候事と御決斷有之度候。必ず無益の帆前船に金錢御費無之樣有二御座一度、帆前船は必ず不勝手に有之、往古の外國の船ガレイエンと申形の物同樣に、無益の事に可二相成一事に候。

一、船の進退いたし候に用る所の蒸氣仕掛、工合二通りに有之候事は、日本政司に於て御承知の事やに被存候。右は水かき車付のものと、水かき捻付の物に候

一、右水かき捻付の物は、新き發明のものに有之、水かき車付のものよりは、勝り候事に候。就ては追々には海船備に相成候、船は水かき捻仕掛の物のみに相成候樣可レ有レ之候。

一、エゲレス、フランスの兩國に於て、水掻車付蒸氣船水かき捻付の蒸氣船兩品を以て、競候處、水かき捻付の物勝り候儀相決候。勿論其力も捻仕掛の方彌強く有之候。

一、捻仕掛の蒸氣船に於ての諸道具釜等、水際より下に有之候に付、敵方發砲の患を受候事無之、至

極安堵の譯に候。

一、捻仕掛蒸氣船なれば、敢て仰山高き車外側等の如き物有之に不ㇾ及、右等の仰山の外側有るに於ては、彼是不勝手の事多く、夫等の處よりして、武器備方も充分不ㇾ行屆ㇾ唯船の前後に備候のみ位に有之候。

一、捻仕掛蒸氣船は、充分に武器備、諸方より防ぎ候事出來、加之車仕掛の物に遙勝り、船の運方最速にして、進退勝手大に宜有之候。

一、入費の考仕候に、捻仕掛の船大に利方に候。先づ一體は帆前の船同樣に有之、入費少き帆の力を借候事、風相應に有之、格別不ㇾ急時旅は、焚物の儉約失費少く有之候。

一、船々打建方場所の義に付、左に御物語仕候。

一、相考候に、右船打建の場所はジャワに勝る所無之哉に存候。右打建方の爲、諸用意宜しく、木材自在に有之、打建方いたし候人物も夫々自在に候。

一、ジャワ、スラバャの地には、蒸氣機關具製造所、今專ら夥敷有之候。

一、右樣水掻捻仕掛コルフエット船一艘、但し大砲其外武器は外にして、總仕上げの上、此價二千五百貫目位に可有之、右等の船二艘程は、隨分一ヶ年半の內には、打建出來可申被存候。將亦右に備立に相成候大砲其外武器類に至ては、當時のヨーロッパの騷にて、手に入兼候事共に無之哉と推考致候。

一、又爰に申述度事有之候。右船は鐵製の方は御止、矢張木製の船可然と被存候。其故は日本に於て船修覆のスレーフ・ヘルリンキ（船修船渠）或はドローゲ・トクケン（乾燥渠）の如きもの、未だ其設け無之哉に被存候。右等の如き設け無之しては、製船の底、銹腫れ等の掃除、毎時いたし候事難二出來一可有之、依レ之如レ斯申述候事に候。

一、水かき捻付蒸氣船、ジャワにて拵立候末、オランダ第七月同所出帆し、長崎出島までに、必ず廿日經には著可致候。

一、右船御當所に屆候迄失費相掛り候は、石炭、油類、及乘師人々の給料、食用等に有之候。

一、海勢船備の爲、船打建方、外國にて右御用彼ニ仰付一候事、日本御奉行所に於て、御定御座候はば右打建候場所に打建所補理、其所に於て、右造作仕候方と相考候。勿論其末は日本に於て右等の船必ず打建方可有之、右打建所の事抔、御心得有之候事、日本にて御仕立の時、急度御用辨と被存候。

一、此結構の要害能き長崎の港は水の干滿能く、至極丈夫の防禦勝手よき港にて候。かゝる港なれば蘭語にてウェルフと唱候船打建所營候に、究竟の所に候。將又鳥渡一通り爰に申述候は、蒸氣船打建候ウエルフ取建補理、尙前に記候ドローゲ・トクケン、或はスレーフヘルリンキ、或はファステヘルリンキ（眞勾配）補理、將又蒸氣船鞴仕掛火焔所等付候大造の鍛冶營所及び鑄立所、且又風なしにて風車仕掛不㆓出來㆒時、蒸氣仕掛にて木材鋸業等必要の事に候。

一、右等の事すべて相整候方便出來候上、能く心得候人物有之、其業を營候義は勿論、一體の世話いたし、御當國にて夫等の事に功者の人物出來候迄、心配いたし候事大切の義に候。

一、右一件心得候人物並に船進退士官の者、或は諸道具を指揮いたし候武方の人物、是等の輩、オランダ國より乘渡候方可㆑然、乍㆑然夫等の都合仕候には、莫大の金銀費候事に候。

一、事熟達功者の輩、數千里隔り候所に罷出、細工等仕候に於ては、先暫の間、其者雇置、譬へば六ケ年程も出國致し候を見當として、其給料を渡置候へば、右出國の間、親族何れも其賃銀の分を以て、今日を送候樣可致、將亦日本御奉行所にて御取極被㆑爲㆑成、右六ケ年の間、首尾能相勤候はば何程の金被㆑下候と申儀に相成候へば、右御用相濟候後、其金を以て生涯全く仕候樣有之度候。

一、何れの國に於ても、其國にて難㆑遂事、他邦より求候時は、先右樣の振合に有之事に候。

一、ロシア國品物製造所或は蒸氣船などには、數多の外國人雇居候。將亦昨年トルコの軍船備中に、數多のエゲレス人見掛申候。加之、フランスの士官トルコ勢の軍師と相成申候。右に付トルコの若者數多エレゲス船勢の內に執行の爲罷在、且又フランス勢の內にも執行の爲相加り居候者有之候。
一、すべて右樣警戒執行傳達いたし候師家の人物には、トルコ國廳より夥敷高の給金差出、數年右取立骨折候人物には、莫大の生涯手當金差出候儀に候。
一、エゲレス國海上砲術心得候士官、トルコの士官水夫に至迄、大砲一式の事を傳候樣の命を受、此人六ケ年程トルコの用を勤め歸國せしに、其六ヶ年分を以て生涯安堵に暮し候に、充分の方便有之候。
一、誠にトルコ國は、夫等の事に因て、先草木に譬れば、見事の花實を得候儀に候。同國の海陸共軍勢其備結構に候。其備立調練を見候に、誹謗する廉少く有之候。
一、プロイス國も亦海勢船備の心得同樣熱心にて、今專ら軍船方に於ては、外國人を雇ひ、是に習ひ若年のプロイス人をして、指揮等の事を執行せしむ。最前はオランダ國及びエゲレス國の事に習候儀に候。
一、オーステンレイキ國も、此振合に習ひ、近年は海勢船備、著しき改正有之候。此儀至極褒賞すべき事に候。船上の士官船打建方、同蒸氣機關方等は、至極大切の事を取扱ふ者に有之候。一體船方の爲には、星學、測量學、機關術、地理學、船打建方、其外諸道具等の事を識知する事肝要にて、其船上士官となりては、大小砲調練の事にも心得有之、城砦築營の事にも心得可有之事に候、將又時の模様に隨ひ、船の往來進退をも自在に駈引いたし候事、熟練不致ば不㆓相叶㆒事に候。

一、是等の諸學、能々いたし候には、幼年の時より其心掛無之ては不㆓出來㆒事に候。於㆓諸國㆒先大體是等の事を執行致し候學校取營み、夫々其趣向有て專ら勉強有之候。

一、元來軍船如何程丈夫なりと雖、其指揮次第のものにして、萬一不熟の輩、事の進退なすに於ては、誠に以大切なる事にて、最危急の事に至候事有之ものに候。是等の危患皆人能く解せるが如く充分に演話する事、叶はざると思ふ事に候。

一、我既に三十有四年船上に在て、練磨する所の事を以ての論、如㆑斯に候。右に付日本御奉行に於ても、海勢船備の思召有之に於ては、萬端必要の事を旨として、不㆑然ば不可と被成候方至極と被存候。

一、年若の輩、執行の念有に於ては、爰に實情を申述度候。尤此義相叶哉否の義は、不㆓心得㆒候へども、ヨーロッパに渡來し、執行有に於ては、必其業遂候事は顯然に候。勿論外國の人も、外國に出執行いたし候事にて、夫等の人物と相交り德を得候事必然に候。此義日本御奉行所にて、御決斷出來、夫等の事に念ある輩其御用に申付候事相叶哉否の義は、不㆓相辨㆒候へども、先づ有體に事の情を申述候。
一、又爰に不レ得レ止處よりして申述度義有之候。如何程より打建、如何程能く諸道具整ひ、如何程よく武器を備へ、いか程よき蒸氣機關等有之候蒸氣軍船たりと雖も、不熟の人の手に有ては、無益の用たる事、當然に候。將又事は無益になりて、危急難レ計、加之聊の用にも立ざる事に金錢を費し候事有之ものに候。よしや其船不可なりと雖も、功者の輩の手に有ては、莫大の益ある事有之ものに候。
一、右等の次第に有之候故、海勢船備の爲、一ヶ國の究竟の人物を贖候に、纔の金錢の費を厭ひ、若干の事を損ふは不二容易一事に候。
一、右の通申述度、先如斯御座候。
一、右心付の分、自然日本御奉行所にて御取用の事も有之候はゞ、幸甚不過之候。
一、我當長崎の港に罷在候內、自然何にか御傳話申候樣の事御望も有之候はゞ、何事に不レ寄御傳達いたし度、既に二百五十年餘、此繁榮の御國に通信を以て接交いたし候事なれば、聊か御爲に相成候事相勤度志望に候。

船將次官

右の趣寫奉レ入二御覽一候。

ゲ・ファビユス

かひたん

とんくる・きゆるしゆす

右の通和解差上候。以上。

寅閏七月四日

西吉兵衛

楢林榮七郎

第二章　ファビユスの第二回意見書

長崎奉行水野筑後守は、さきのスームビルク船長ファビユスの意見書を大いに研究し、さらにこれに關し、キユルシユスを介して質問を發した。

かくて閏七月十二日、キユルシユスより、閏七月十日附のファビユスの第二回の意見書を送り來つた。

オランダ國王蒸氣船の者、當閏七月十日、於二出島一認之。

一、長崎御奉行所より、御問合に相成候趣を以ての御書面披見仕、篤と勘考仕候處、蒸氣船運用、筒類用法製造、或は蒸氣機關取扱方、船打建方等、何れも執行行屆候樣敎導いたし候には、夫々事柄も多く有之事故、其敎方いたし候人物數人無之ては難レ屆可レ有レ之候。

一、此度の一件に付ては、身分官位の論よりは、先事柄を大切といたし候事と考候。夫々の事柄傳授いたし候には、夫々の事に熟練の輩に無之ては不二相叶申一、然れば先士官の輩に無之ては不二相叶一哉に考候。

一、水夫の仕業、是亦大切の事に有之、就ては水夫に仕立候日本人の所にては、最初の程は、諸道具取付取離しの工合、帆の取付取離しの工合、所謂水夫の仕業の事に手加勢致し、漸々執行いたし候樣有之度事に候。

一、傳授いたし候輩、一ヶ年何程位の給料に可有之哉の義、何分一存にて難決候。隨て相考候に、此度日本御奉行所にて、其義に適當致し候人物御召にも相成候御思召に候はば、先何程の金錢、夫が爲に御備に相成、猶御出方の御都合、且又右敎導の爲罷出候者滯在中、何等の事々御免に相成候と申義は勿論、御取扱振等の義承知仕度事に候。

一、右申上候義御決斷有之候上は、事に功者にして、至極適當の人物逸々罷出及二敎導一候は、則ち左の通の學術に候。

地理學、究理學、星學、測量學、機關學、按針學、船打建方學、砲術學。

右之外軍用武備に携り候諸學。

一、夫々の事柄に付ては、逸々夫々の人物無之ては、不二相叶一義は顯然の事に候。雖レ然又稀には一人にて、幾事も傳敎いたし候樣の輩も有之者に候。然といへども傅授を受候輩の處にては、其師たる者、他事に繁多なるを以て、其一事にのみ拘り候義不二出來一處より、敎方不充分の事間々有之候物に候。此故に願くば一事一事に夫々鍛錬の輩より敎導可レ然事と考候義に候。

一、國民の幸福を増んと欲せば、先相應の執行人を撰び、以て事の敎導を旨といたし候義先第一の事に候。

一、事に怠有て其執行不充分の時は、後日に至ると雖も、益なき事に候。

一、往古よりの録説は、公の書なり。斯る理屈の事は、混ち幾丁にか記し有之事に候。
一、右一件傳授いたし候人物、其學識精巧に於ては、ヨーロッパにて事足り、今日を安穩に送候輩にて、敢て數千里を隔候海外に赴候に及ばず、然るを其言語は勿論、作法振合掟等も、其本國とは拔群異り候所に罷出候義に付、夫等の情合、日本にて能く御勘考有之度候。
一、是等の處日本御奉行所にて、深く御含、彼是の義、御決斷に相成候樣有御座度候。
一、右樣の義に師と成候程の人は、先づ其の身の爲に相成候樣の義にても無之ては、遠海を渡り罷出候志出申間敷哉に候。
一、右の義に付、猶亦爰に彌極惡の處染筆仕度候は、左の桁々能く相定り決著仕候樣有之度候。
一、師と相成、日本に罷出候輩、滯在中フレイヘーデン（自由自在）子細有之間敷候。
一、日本にて御取扱の御振合一體御遇接振等、御入用も御掛罷出候者の義に付、彌以て宜可有之事に候。
一、給料御渡方の御振合、且又右師たるの人物、如何の御都合にて、何方に滯留可仕哉承知仕度候。
一、事の執行益を求候爲、師とし物を習候に、何れの道、何れの國と雖も、矢張同樣の譯に有之候。
一、右等の義に付、御問合の御答には、先此分に御座候。

一、御奉行所より御問合の廉々先夫々御答仕候通に候。隨て猶又日本の御爲を考へ申述度義有之、猶爰に染筆仕候。則左の通に御座候。

一、日本御政府にて、大造の御入用相掛、御手當に相成候海勢船備の義に付、先差當り重立必要といたし候義有之、則ち別義に無之、オランダ語識知有之度事に候。其故は右傳授の爲、態々乘渡師と成候者は、日本語一切不二心得一者と被存候。右傳授の節、通詞の手を經候樣有之候ては、誠に以て面倒に有之候事に候。依ては只其通辯のみの爲、無益の時刻を費候樣相成、彌以面倒の事に有之候。

一、此末右師たるの輩、出島に罷出候迄の間は、餘程の時日も相隔候事に候。其輩罷出候上にては、蘭語指南等の儀は致すに及ばず候樣成行候方可レ然被レ存候。追々申述候通、夫々の職々、其職に携り候書籍等も持越、夫々指南も可仕に、右書籍を逸々日本語に飜譯と申事に相成候ては、夫が爲夥敷時日を費し、加之不辨利の事に有之候。

一、日本御奉行にて、我申立の趣意を可レ然と被成候事に相成候義に候はゞ、先づ最前に長崎表に學校御取立、海勢船備方に御仕込被成候と被二思召一候。年若の輩、右學校に入塾有之、オランダ語執行有之候義肝要に候。

一、右の評論御取用に相成候上は、金錢は勿論、事をなし候時日迄も、無益と相成候事無之、ヨーロツパより傳授の爲、罷出候者、敎導の事に取掛り候事、萬端速に至極辨利能可有之、隨ては忽ち日本人軍艦の味を覺へ自己の國人にて、進退自由に船運用、日本自國の旗を建、如何程の繁昌富貴、他に比類なきの名譽言ふべからざるに至り可申と被存候。

一、世界地圖は、よく見る可きものなり。又往古よりの說錄等を覽見するに、習學する所あり。是別義に無之、誠にオランダ國は些小の國なり。雖レ然海勢船備有て、海方習熟の人物不レ少を以て、既に獨立し、加之海外に夥しく大國等を若干領し候事に相成申候。

一、アジアの東方に當りて、日本の島々あるは、ヨーロッパの西に當りてエゲレスの島々あるが如し。然れば今エゲレスのものするが如く、日本に於ても、海勢船備を御立、港渚防禦有て、貿易富貴強盛たらん事必然の至に候。

一、日本御奉行所にて、是等の義御熟考有二御座一度、必ず事の是迄不二取掛一を遲きなどと御了簡違無之、今究竟の執行時たるを、不然と不心得抔有之候ては、殘念の儀に候間、夫等の向には、能申諭し、必ずしも今の良時を無益に送り候人物無之樣仕度候。

一、日本高政府にて、是等の情合御熟考被レ爲レ成、追て傳授の爲罷出候者敎導いたし候時、御辨利の爲、年若の人々オランダ語稽古執行勉強有二御座一度仰レ希候。

船將次官　ゲ・ファビユス

第三章　長崎奉行水野筑後守の海軍創立の意見書

安政元年閏七月二十日——長崎奉行水野筑後守は、ファビユスの意見を採用して、海軍創立の必須なることを老中に上書した。

「乍」去軍艦御買入並に蘭人御手當共多分の御入用に有之、此節禁裏御造營を始、內海御臺場御築立、其外御入用一時に差し湊り候折柄、可二相成一丈減省致し、御都合能相整候樣仕度、諸事厚く勘辨を加取計候義に候へども、外國の振合等引證仕申出候趣、事情不」得」止の義故、強て御入費の筋のみ一途に難二申述一場合に御座候て、オランダにおき候ても、此御手當向御治定不二相伺一候ては、傳法人迚も連渡申間敷哉と奉存候。

昨年來オロシヤ、アメリカ、再三渡來、已に江戸近海迄も帆入傲慢の所業に及、粗ぼ願意を達候も、畢竟軍艦大砲の御備無之故、無ニ御據一御取扱に相成候義可レ有ニ御座一哉。實以恐入候次第、當今の御時勢たとへ海岸御備御充實相成候とも、海軍の御備相立不レ申候ては、永世外夷の兵鋒を押へ、御國威廓開の期も無之、昨年中御英斷を以、軍艦轉渡の儀、オランダへ被ニ仰付一候へども、此義も追々御手延に相成候ては、自然夫々氣緩も生じ、思召の程、貫通仕兼候義も可レ有ニ御座一候間、此度船將の申立御取用相成、軍艦新調、並に渡來傳法の儀共、オランダへ被ニ仰付一候はば、御國威御挽回の御趣意貫徹可レ仕、航海の術すでに開け候上は、古來より威震仕居候義勇の風習一際奮起仕り、御威德海外に伸び、夷賊自然跡を潛めて此上萬世御安心の基と相成候義に候へば、敢て御費用を被レ爲レ厭候筋には有ニ御座一間敷と奉存候。尤も前條の次第、オランダ本國において、取計候趣に候へども、商賣船の歸帆に申渡候ては、本國へ通達方時日相後れ候程難レ計、此節の御場合一刻も早く御實備相整候方可レ然哉に候へば、右御手當向並に船形員數等迄も當節御治定にて、船將歸帆の節、御達に相成候はば、直接本國へ相屆御手繰にも相成可申と奉存候。

尤も傳授人連れ渡り候ては、御費用相嵩み候故、運用等爲ニ修行一御當國の者、オランダへ被ニ差遣㆒候方、可㆑然旨申立候段は、御國法において難㆓相成㆒、殊に被㆑遣候人々御撰も不㆓容易㆒候上、遠海懸隔、病災其外故障候共、急速御引替難㆑屆、其上被㆑遣候者限りの傳習にし、事柄狹く、當方へ御呼寄に相成候へば、手廣く傳習相屆、且執行の樣子に寄、御引替等の御差支も無之候へば、御費用相増候とも、當時の處、連れ渡りの積に被㆓仰渡㆒候方可㆑然哉と奉存候。右の趣、永井岩之丞(目付)へも申談候處、見込同樣の旨申聞候。依之此段奉㆑伺候。尤差向候儀に付、早々御下知被㆓成下㆒候樣仕度奉存候。以上」

安政二年七月、オランダのスームビンク艦は、ヘデー艦と共に、再び長崎に來り、ファビユスは、十月五日(わが、八月二十五日)オランダ政府の名において、これを幕府に寄贈した。

幕府は、乘組の海軍中尉ペルス・レイケン以下、士官、下士、水夫、火夫等二十二人を敎官として雇入れ、その船を練習船として使用した。

幕府は長崎をもつて、海軍傳習地と決定した。

海舟の「海軍歷史」には――「安政の始に當り、近年海軍興立の儀起りしより、終に衆議決定し、各員爲二傳習一可レ被レ遣旨被二申渡一。是實に同二乙卯年七月二十九日なり。此時蒙命の人員寡少、且制初の業、極て式微と雖も、從レ此後陸軍の傳習、文學の術業、歐洲法の我邦に入り、公然其規式を採るの濫觴にして、其基礎を爲すと云はざるべからず。

此時閣老の首座、阿部伊勢守幕政を執り、同時言行はるる各員は、數名に過ぎず。勘定奉行松平河内守、大監察筒井紀伊守、土岐丹波守、監察岩瀬肥後守、大久保右近將監、堀織部（按ずるに此外川路左衞門尉、水野筑後守等を加ふべきに似たり）にて、長崎に在勤し、傳習諸取締たる者は永井玄蕃頭等、我賤愚諸賢の末に列し、傳習生たり」

第四章　海軍傳習生

安政二年七月二十九日、幕府より長崎における目付永井岩之丞へ次の命令が下つた。

「船軍御創制は、不二容易一大業に候處、今般オランダ献貢の蒸氣船を以、運用其外傳習方の儀は、彼國王において、格別の心入に有之、悉く傳習研究致度、就ては其方儀暫くの間在勤大儀には候へども、交代相濟候はば、猶此上滯留罷在、右運用其外爲二傳習一被レ遣候者どもの指揮且掛引等、すべての進退取締方引請取扱可申、右に付、旅宿船中止宿代り合取締筋等、長崎奉行へ相達候儀も有之間、得と申談取計候樣可レ被レ致候。尤も傳習行屆差支も無之樣相成候はば、自然右船浦賀表へ相廻候樣にも可二相成一歟。傳習熟達の模樣に寄、猶其節長崎奉行申談、伺越候樣可被致候」

幕府は傳習生として、最も秀抜なる若き人材を選擇した。浦賀奉行への達しには

「長崎表へオランダより、獻貢の蒸氣船運用、其外傳習として、組與力二人、同心十人程も、可レ被レ遣候間、年若にて人物手堅く、文學才力有之候か、又は炮術蘭學、且右船製造方等心得候者相選み、早々名前取調可レ被二申聞一候。尤も與力の儀は彼方にて申上候士官と相心得、取計候積に候事、同斷に付鳳凰丸製造いたし候船大工の内、是又人物實體職業相勝候もの二人取調可レ被二申聞一候事」

勝麟太郎等への命令書には

奥田主馬支配小普請

勝　麟　太　郎

右は長崎表へオランダより献貢の蒸氣船運用、其外傳習として、被二差遣一候間、早々出立可レ致旨、且又小十人贊善右衛門組矢田堀景藏被二差遣一、并に彼地在勤御勘定格御徒目付永持亨次郎申合、一同重立取扱可申候。尤外役々職方の者共も被遣、外國人より傳習受候事にて、不二容易一御用筋に有之候間、銘々一時の功を爭ひ、一己の名聞等相立候様の儀有之候ては以ての外の義に付右様の儀聊か無之様、厚く申合はせ。外役々下々迄、右の心得を以て、如何の義は勿論、不取締等無之様可二取計一候。尤永井岩之丞儀、諸事引受指揮致候事に付、萬端得二差圖一可二相勤一旨、今廿九日、阿部伊勢守殿被二仰渡一候。依之申渡。

卯七月二十九日」

八月二十四日、老中阿部正行は、勘定奉行松平河内守を經て、次の心得方を達した。

「此度長崎表へ被レ遣候面々、御軍艦起立にて、海外萬國へ關係致候御用柄、國家の御爲、當今第一事業講究致し、往々一廉御用相立候様、可二相心掛一候儀は勿論の儀に付、平生清廉潔白に致し、天下後世迄の口儀に干らざる様可有之義は申迄も無之候へども、諸家の家來共外夫是手筋を求め、密々申込、贈物等致候向も追々可有之、右等の邊より以ての外の弊源相開き、公儀御外聞にも相成候儀も出來候儀に付、彼地在留中は勿論、途中往返共、私に諸家の家來へ引合、贈物等一切受用致間敷旨、一同厚申合せ、萬一心得違の向も有之候はば、聊か無二用捨一永井岩之丞へ可二申立一候。右乍レ存押隱居候向も有之候はば、後日同様の御沙汰可有之候間、急度相心得可申候事」

この日、老中は次の人々に對し申渡した。

矢田堀景藏、勝麟太郎、永持亨次郎

井上左太夫組　與力　蜷川藤五郎、三浦新十郎

同心　中村泰助、小笠原庄三郎、小川喜太郎、福田甚平、鈴木儀右衛門

田付太郎兵衛組　與力　尾形作左衛門、外一人

同心　關口傳之助、外四人

江川太郎左衛門組　三人

浦賀奉行組　與力　中島三郎助、佐々倉桐太郎

蒸氣船製造並運轉、大砲打方等、此度渡來の蘭人へ傳習被二仰付一候に付、矢田堀景藏、勝麟太郎、

永持亨次郎へ、一船總督の心得を以、諸事研究致候積、其方共大小砲船打は勿論、陸戰並臺場の製作等に至る迄、惣て砲術關係いたし候儀は、不」洩様修業いたし、すべて右三人の者共指圖を得、請持の業柄、可」成丈早々熟練候様出精可被致候。

御　船　手　　同心組頭二人、水主十人

御　徒　頭　　小野次郎右衛門組　高橋兵助

御廣敷添番　　十太夫養子　福岡金吾

牧野備前守家來　　小野友五郎

右長崎表へ蘭人より献上の蒸氣船運送船打並に航海測量御用被」仰ニ付之」。

十月二十日、勝海舟等は船にて長崎に達した。彼は「海軍歴史」に記して「此船遲々として數十日を經過し、竟に十月二十日、長崎港に達し、同日上陸す。此航海中、長門國下の關に入るを得たるは、十月十一日也。上陸薩士大阪よりの來信あり、云、本月二日二更江戸大震、邸屋傾到せられし爲め十にして八九、深川、本所、下谷、淺草、神田所在、火を失す。壓死する者無數、翌日火熄むと雖も、震は尙止まず云々。衆聞ニ此報一憫然如」醉」

また長崎傳習所に入りては

「長崎傳習所は、西役所を以て之に充つ。是奉行の別役宅にして、監察の此地に在勤爲す者、此宅を以て旅館とす。當時永井氏茲に住居す。今假に之を敎場となして、別に敎場を設けず。我輩上陸また此邸中に居す。後五六日を經て、永井氏諸士を率ゐ、出島和蘭館に到り入門の式を行ふ。皆禮服を用ゆ」

第五章　海軍の訓練

傳習の狀態に關して、海舟は記して

「其敎授の時間、朝八時に始め十二時に終る。午後は一時より四時に至る」是陸上の敎示なり。又時々艦上に就て、其運轉諸帆の操作等、實地演習あり。悉く暗記せしめて、敢て書記せしめず。其言語の不通なるを以て、通辯官數名を役す。故に彼我互に隔離の思ひあり。敎官は大に其敎示に苦しみ、生徒また暗誦に苦しみ、甚だ勞苦す。矢田堀（景藏）塚本（桓輔）永持（亨次郎）氏の如きは、昌平學校に漢學を學び、早く學中少年本子の譽、英敏の聞へありと雖ども、猶今日暗誦に刻苦す。其才之に及ばざる者の如きは、困苦の甚しき亦宜べなる哉。

國學如斯。後二三月を經、少しく澁滯を免れ、前途期すべきの頼みあるを覺へたり」

安政三年十月――永井岩之丞は、留學生派遣の建議書を上呈した。

「當地（長崎）傳習の儀、年々莫大の御入費も相かさみ、且外國船入津の節、蘭人多人數出崎の節は、品々取扱向混雜可仕、殊に傳習人も、時々歸思動候意味も有之、確實修業相成兼、且外國の形勢、經見仕候者無之、臆度のみにて、誤傳も不ㇾ少、旁々留學生被ㇾ遣、修業の餘、海外の形勢、實踐探索仕り、事實委細申上候はば、外國事務御取扱の御都合にも、可ㇾ然義とは存候。依之此段申上候。以上

辰（安政三年）十月五日

安政四年四月四日、江戸に操練所が設立された。これに關し海舟は記して

「安政四丁巳年春に到り、傳習の事業大に緒に就くを以て、江戸に歸り、同地に操練所の設あらん

とす。終に永井氏觀光艦に乘じ、矢田堀氏、其他乘組員に選拔せられ、長崎を出帆せんとす。我輩(勝)は陸地歸府の命あり。出立の前一日、永井氏我に達して云、敎師書を以て告る事あり。新敎師本年は來り到る。貴國も亦新生徒を出だし、舊と交替の議ありと。彼我等しく新とならば、甚だ不都合ならん。我が敎へし中一人を殘し、萬事を周旋爲さしめば如何。且コットル船、未だ成就せず。製鐵所の機械も、亦既に到らんとす。宜しく考ふる處あれと。此申立尤道理あり。唯今歸府に臨み、此地に殘す。情の忍びざる所なり。如何と。我考ふ、此事敎師の言是なり、敎師未だ去らざるに弟子悉く引去る。甚だ信を失ふ如し。我不肖と雖も、斷然此地に止り、敎師の歸國を送り、新敎師の爲に微力を盡し、新生徒の方向を指示せんと。永井氏大に悅び、終に議決す。又生徒中止まり學ぶを願ふ者四五名。竟に觀光艦は、同年(四年)三月四日、江戸に向け出帆す」

當時、我が海軍傳習生は極めて眞摯に學習し、その技大に見るべきものがあつた。安政四年二月二十八日、去らんとする敎師は勝に一書を與へ

「日本滯在中、日本人と相交り、我是を觀るに、其叮嚀聊か妄ならず、優美にして精撰なり。且我等を愛敬す。諸學術多端ありて、是を敎示する時、通詞の助を受くるに、學術の言意通辯なり難きことあれども、傳習方數多の人々、宜しく配慮ありて、倦むことなく、勉強あるを知れり。今日本

は外國民に携ること甚だ少く、學術の場に至りては、甚だ相劣ると雖も、我慮るに若し今日本外國民と寛優の交接をなすことあらば、其學術西洋の國民と同等の場に至らんは必然なり。勿論彼に勝ること易からん。如何となれば人々相互に思慮練磨して、學業眞正の明解を得る如く、諸國民との交接に因て、學術も相互に弘ることを得」

――かく西洋の敎師は、日本人の科學的能力において、むしろ歐米に對し卓越するものあるを豫見したのであつた。

舊敎師は去り、新敎師來り、練習船咸臨丸は江戸に赴き、それと同一型の新蒸氣船三梳艦ヱド號が長崎に入港し、それを練習船とし、後に朝陽艦と稱した。

安政六年一月五日――勝は朝陽艦に來り、江戸に歸航した。その記事に――「航海士官には安井畑藏、伴鐵太郞、松岡盤吉、吉見健之丞、機關士官には、杉浦金次郞、岡田井藏、其他猶三四名。航海中初春の候、飛雪漫々、加之西風勁烈、南海に飄蕩する一晝夜、終に辛うじて下田港に入る。此行や寒威肌膚に徹し、我輩艱苦を極むと雖も、狂風怒濤を凌ぎ、迅速にして、伊豆海に達するを得しは、船中擧つて我が指揮に從ひ、能く勉力せし故を以てなり」

一月十五日、朝陽艦は江戸灣に入り、同年二月、幕府より傳習中止の命令あり、新敎師はすべて長崎を去り、傳習生も陸路長崎より歸府を命ぜられた。長崎海軍傳習所は、五ヶ年間開設せられ、この間に近代日本海軍の基礎が確立したのであつた。

長崎傳習所の中止は、幕府財政の窮乏にて、その費用を支出することが不可能となれることが主なる原因であつた。

第四篇　太平洋乗切

第一章　日本軍艦の太平洋乗切の準備

ハリスとの日米會談による日米條約の成立は、さらに日本使節をアメリカに派遣することを内定せしめた。當時我が海上力は極めて微弱にて、使節派遣はアメリカ軍艦によらざるを得ず、しかしその際、日本軍艦をも同行せしめんとする計畫が生じた。

その建議は、永井玄蕃頭、岩瀬肥後守等の主張するところであり、さらに水野軍艦奉行の強力なる意見により決定した。

かくて安政六年十一月十八日、軍艦奉行井上信濃守は、觀光丸をもつて、これに充つることに決した。

十一月二十四日に發表せられ、その乘組者としては、軍艦奉行並木村攝津守、教頭として勝麟太郎教授方に佐々倉桐太郎、鈴藤勇次郎、小野友五郎、肥田濱五郎、濱口與右衞門、松岡盤吉、山本金次

郎、通辯主任　中濱萬次郎、伴鐵太郎、教授方手傳に赤松大三郎、岡田井藏、根津欽次郎、小杉雅之進、操練所勤番　吉岡勇平、同下役　小永井五八郎、醫師　牧山脩卿、木村宋俊、前門生二人　福澤諭吉、鼓手　齋藤留藏、水夫　五十人、内小頭　五人、火焚　十五人、内小頭　三人、大工　一人、鍛冶　一人。

日本軍艦アメリカ派遣決し、その乘組員の選定せらるゝや、勝海舟は、船中の嚴正なる秩序を確立するために、諭示を出した。

「軍艦は非常と平時とを論ぜず、規則嚴正、百事備はざれば、運轉戰爭の用に適せざるは、吾人知る所なり。然るに我邦軍艦を設け、諸士を撰拔し、其用法を習練せしむる事、纔に五ヶ年。未だ其一端を窺ふに至らずして、傳習の事廢せらるゝ者は、諸士の研究上達、拔群なるが故、其大體を會得するの速かなるに由る歟。將た別にある歟。知るべからず、最も亦時勢の然らしむる所に出づ。今米國航海の令下るに及んで、諸君此擧に乘じ、其備はざるを補ひ、因循の風を一洗し、規則嚴正、確として一定せんと欲するは理の動かざる所なりと雖も、如何せん時可ならずして、其勢行はる可らず。初め我愚此の好機會失ふべからずとして、赤心の建議、討論力を竭せども、事採られず空敷時日を費し、後大害起らんとするを窺ふ。其故如何となれば、此擧の初め諸局之を拒み支へ、未熟の輩、艦を萬里に航するの甚だ危殆なるを云ふ者多く、中止の議、將さに決せんとす。

幸にして上議英斷を以て決定す。然るに我輩再び瑣々の小節を主張し、頻論時日を經ば、再び停止の傍議起らんも測り知るべからず。今や我邦千古未曾有の盛擧をして、停止せられんには、後年幾歳を經て發せんや。是も測るべからず。故に我前議の小にして且つ非なるを悟り、默して言はず、且つ法則は漸を以て設くべし。機會は失ふべからず。唯一片の赤心と骸骨を以て、危險に投ぜん歟。唯だ祈る皇天幸に回顧し、船内一致、無囂に、此行を終らんにはと。今日にして他念を出さず、諸君此形勢を思惟し、國の爲めに、力を竭くし、報恩萬分の一を盡さんと念ひ、時宜を觀察し、以て萬事を指揮せられんことを。

船中の規則は船將（軍艦奉行木村攝津守）より令さるなり。我輩敎頭の名有りて、船將に非ず。然れども運轉、針路其他航海の諸所は、又指揮なさざること能はず。故に今假に則を定め、諸士へ告示す。」

十二月二十二日、米國コンシュル、測量船の船將等は書を幕府に呈し、觀光丸の遠洋航海の不可能にして、他船をもつて代ゆべしとの意見を出し、かくて、同二十四日、幕府は咸臨丸をもつて、觀光丸に換ゆるに決した。

咸臨丸は至急に遠洋航海の準備をなし、翌安政七年一月十三日に、愈々品川を出帆するに決した。

第二章　咸臨丸

軍艦奉行木村攝津守喜毅は、咸臨丸渡航に際し、幕府は殆んど十分なる費用を出さず、かくてはアメリカ人より侮蔑を受くるならんことを憂ひ、その木村家が代々御濱奉行にて莫大なる家財ありしがこれを悉く抛ち、航海の費たらしめたのであつた。

木村攝津守は芥舟と號し、明治時代まで生存したが、「木村芥舟翁履歴略記」に

「しかれ共我が乘組士官等、彼國の文物鑿美殊に海軍組織の壯大なるを觀るにつけても、亦我が海軍の不充分にして、且自己の境遇を感じ、往々沙中の偶語なき能はず、余此行齎す所の私財を抛ち士

官以上には各々三百元或は二百五十元づゝを惠與し、又水夫以下にも夫々手當を與へ其勞を慰したれば、家に歸るの日は、余が嚢中一丁銀をも餘さざりし。此行余が苦心は、實に外人思料の及ばざる處なり」

「抑も此航海は、今度我國より遣はさるゝ使節海路の警備及航海練習の爲め我が軍艦を派出せんとの議により、此事に及びたり。

然るに西洋諸國にては軍艦に一定の規則ありて、乘組の士官をはじめ夫々相當の位階俸祿を附與し、服章其他庖厨の事に至るまで、斗日よりの準備至極行屆きたるものなるに、我邦は創立日猶淺く、開港の約は結ばれしも、尚鎖港、攘夷の論囂々として鼎の沸くが如く、政府の方向も確定せしに非ざれば、軍艦の規制など設けん事、中々思ひも寄らず、オランダより取入れたる一二軍艦はありといへども、空しく近海に碇泊して、僅に運輸の用に供するのみ。されば乘組士官も一定の人員なく、纔に十口或は五七口の俸米を給するのみ。

然るを此輩をして萬里の波濤を冐し、生命を賭するの航海をなさしめんとす。至難の事に非ずと云んや。余は出帆前此事を政府に上言し、應分の俸給、位階を定め、其規則を設けんことを乞ひしに、毫も省みられず。さればとて、余が輩若し行を辭せば、外に代るべき人なく、我國海軍の端緒を啓かんとするの盛擧も、忽ち瓦解に歸せんこと、眞に千載の遺憾なれば、そは行を首尾能く終りし後の事と定め、一死を決して其命を從ひ乗組の人々にも懇々慰諭し、艸々に其準備をなして、發纜の運びに至りしなり」

福澤諭吉は、米國に渡航せんとする熱望やみ難く、木村攝津守に直接懇願せることを、「福翁自傳」の中に

艦長、木村攝津守といふ人は軍艦奉行の職を奉じて海軍の長上官であるから、身分相當に從者を連れて行くに違ひない。夫れから私はどうも其船に乘てアメリカに行つて見たい志はあるけれども、木村と云ふ人は一向知らない。去年大阪から出て來た許りで、そんな幕府の役人などに縁のある譯はない。所が幸に江戸に桂川と云ふ幕府の蘭家の侍醫がある。其家は日本國中蘭學醫の總本山とでも名を命けて宜しい名家であるから、江戸は扨置き日本國中蘭學社會の人で桂川と云ふ名前を知らない者はない。

それ故私なども江戸に來れば何は扨置き桂川の家には訪問するので、度々其家に出入して居る。其桂川の家と木村の家とは親類――極近い親類である。

夫れから私は桂川に賴んで如何かして木村さんの御供をしてアメリカに行きたいが、紹介して下

さることは出來まいかと懇願して、桂川の手紙を貰て木村の家に行て其願意を述べた所が、木村では即刻許して呉れて、連れて行て遣らうと斯ふ云ふことになつた。と云ふのは、案ずるに其時の世態人情に於て、外國航海等と云へば、開闢以來の珍事と云はうか、寧ろ恐ろしい命掛けの事で、木村は勿論軍艦奉行であるから家來はある、あるけれども其家來と云ふ者も餘り行く氣はない所に、假初にも自分から進んで行きたいと云ふのであるから、實は彼方でも妙な奴だ、幸と云ふ位なことであつたらうと思ふ。直に許されて私は御供することになつた」

咸臨丸の水夫は主として、八幡船以來、瀬戸内海の最も遠洋航海に熟練したと云はれる鹽飽島の漁民から選抜された。鐵砲方小頭に同島の笠島浦の兵吉、甲生浦の實次郎、水主小頭は、同島の櫃石島の太郎松、立石浦の仁作、笠島浦の善三郎、高見島の芳平等であつた。
帆仕立役は同じく泊浦の政吉太郎、櫃石島の治作、大工鍛冶役は同じく河津島村の長吉、江戸飯田町の岸太郎であつた。なほ鹽飽水主二十七名がこれに參加し、また長崎水主十五人もこれに加入した。

木村芥舟は語つて――「咸臨丸は長さ二十七間、百馬力、オランダから十萬弗で買つたのです。十萬弗と云ても、物との交換ですから、まだ價はあつたのです」

勝海舟は「海軍歴史」に、咸臨丸の積込品を記して、

米七十五石、燈油七斗五升、用意共一石、蠟燭七百五十挺、半紙七束、美濃紙三束、炭百五十俵用意共二百俵、薪千三百五十把、醬油七斗五升、用意共二石三斗、味噌六樽、香物同上、焼酒七斗五升（一日一人五勺宛）砂糖七樽、茶五十斤、小豆二石、大豆二石、胡椒二斗、唐辛五升、蕎麥粉六斗、麥四石、引割麥二石、葛粉二斗、松魚節千五百本、梅干四壺、酢六斗、鹽三俵、鹽引鮭。

第三章　咸臨丸の渡航

一月九日、幕府は按針役として、下田に滞在中のアメリカ測量船フエニモア・クーパー號乗組チャペン・ブロックを任命、メストカーン、醫師ケンドルその他の一行をアメリカに送返すやうに命令した。外人一行十一人の名簿が下渡され、このことは木村攝津守、勝海舟等にとり日本人獨力にて太平

洋乗切を決行せんとすることに對し、甚しく不滿であつた。かくて航海中は全く、アメリカ人をして絶對に按針に手を觸れしめなかつた。

咸臨丸の渡航に關し、「木村喜毅奉便米利堅紀行」に記して「――正月十五日、第十時に甲比丹ブルーク、メストカーン外に同行九人船に來れり、甲比丹にはカユイトの內食事部屋を取繕ひ借與へたり。其日第一時に浦賀へ向出帆せしに、第五時同港へ投錨、一兩日此地に停船し、薪水野菜を買入んとす。此處は佐々倉、山本、濱口、岡田等の鄕里なれば、速に上陸を許し歸省せしめたり」

「廿日晴、風北、方向を東北に取、潮に逆ひ、大洋に出る事五十里許、此邊所謂黑潮の急流にして船行甚遲し。

廿一日、方向東北、風東より北に廻り逆浪山のごとく船中へ打入り、傾く事屢〻なり。

二十二日雨、方向東北、風北々東、曉より風浪つよく、船上へ打上る事不絕、終に後檣の帆を吹破らる。

二十三日雨、方向東小北、風北西小北、曉より霰降出し風變んとして波高く動搖甚し。端船を釣たる綱切たり。因て是を船中に取入れたり。第六時に至て猛風彌甚しく、前檣の帆を吹破らる。夜に入風少減じ、月出て波始て靜なり。昨日よりの猛風にて滿船火食する事を得ず。船夫は皆疲勞して倒臥者過半なり」

海舟は「海軍歴史」に、

「二月二十五日、拂曉北アメリカ大洲西岸を檢出す。之を遠望するに海霧斷接の間、連山波濤の如く、峻峰雲間に聳ゆ。是より針をサンフランシスコ港口へ取り、近付くこと五六里、此船の嚮導スクウネル船三四艘を見る。此中の一船、我艦を認め得しや、帆を操り、舵を廻らし、直に走り到る。然して嚮導者二員、我船に乘り來り、其來意を問ひ、港内の敎導を希ふ。之を諾せす、彼れ鍼路を示し、港口に臨ましむ。午前港内大棧の前、二町許を隔て投錨す。此日より當地の官員、看客等、船に來ること數人、雜沓甚だ厭ふべし」

「我輩市を過ぐる時は、看客數百人、左右前後を廻周し、殆ど歩行す可らす。甚だ困難す。我邦江戸にて外國人を見る、雜人數百、口々に放言すると同じく、唯此地にては雜人輩、屬目微笑するのみにて、絕て害を爲す者無し」

「福翁自傳」には――「航海中は一切外國人の甲比丹ブルックの助力は假りないと云ふので、測量するにも、日本人自身で測量する。アメリカの人も亦自分で測量して、互に測量したものを見合せる丈けの話で、決してアメリカ人に助けて貰ふといふことは、一寸でもなかつた。それ丈は、大に誇ても宜しい事だと思ふ」

第四章　遣米使節の渡航

咸臨丸と殆んど同時に、幕府は遣米使節を、米艦ポーハタン號をして、派遣することに決した。始めは日米條約の接渉をなせる岩瀬肥後守が自ら渡米せんとしたが、井伊大老のために、排斥された。かくて彼に代り、新見豐前守正興を正使、村垣淡路守範正を副使、小栗豐後守忠順を目付に任じた。

安政七年一月十八日、新見正使、村垣副使、小栗監察は、將軍家茂に召され、懇命を蒙つた。翌一月十八日、一行は江戸を出發。

この日、村垣は一首を詠じて

玉の緒は神と君とにまかせつゝ　しらぬ國にも名をや殘さん

遣米使節の一行の主なる者

正　使　新見豐前守正興（四十歳）

用　人　三崎司義路（三十五歳）

給　人　八　人

副　使　村垣淡路守範正（四十八歳）

用　人　高橋森之助恒春（四十五歳）

給　人　八　人

監　察　小栗豐後守忠順（三十二歳）

用　人　吉田好三信成（三十五歳）

給人　八人

勘定方組頭　森田岡太郎清行（五十歳）

外　五人

外國奉行組支配組頭　成瀬善四郎正典（三十九歳）

外　三人

外國奉行支配兩替格調役　塚原重五郎昌義（三十六歳）

外　二人

徒目付　日高圭三郎爲善（二十四歳）

外　二人

勘定格徒目付　刑部璣太郎政好（三十七歳）

外　二人

外國奉行支配定役　松本三之丞春房（三十歳）

外　一人

同　上　吉田作五左衛門久道（四十歳）

外　一人
普請役　益瀬俊次郎尚俊（三十二歳）
外　一人
同　上　辻芳五郎信明（三十歳）
外　一人
御小人目付　鹽澤彦次郎（三十四歳）
外　一人
同　上　栗島彦九郎重全（四十九歳）
外　一人
函館奉行支配定役格通詞　名村五八郎（三十四歳）
外　一人
通　辭　立石得十郎（三十二歳）
同見習　同斧次郎敎之（十七歳）
御醫師　宮川立元正義（三十八歳）

外　四　人
外國方御用達　六　人

第五章　使節艦の航海

萬延元年一月二十二日――ポーハタン號は使節一行を乘せて出帆。

村垣は當時を記して――「人々甲板に出で、御國地の名殘を詠めけるが、やゝ船暈催しければ、ひとり二人いつしか皆室に入て、おのが床に臥しぬ」

船が上總の大東岬を去りて、大洋に出づれば――「船も愈動搖つよくなりければ、をのれ等も、室に入けるが胸苦しく、心地惡ければ、其まゝ床に臥したり。誰も〳〵同じさまにて、語りあふ者もなく、夜もすがら馴ぬうきねに、夢も結ばずあかしぬ」

一月二十七日には暴風雨益ゝ激しく「深更に成ぬれば、風波彌はげしく、家司の部屋〳〵は、大砲を取除け、砲門をふさぎて作りしものなれば、砲門を破りて、波打込みければ、誰も〳〵驚きて各下の船室に逃來りしなり。

後に聞けば、凡三十二度まで船傾けるとなん。……コモドールは、二十八年航海せしが、かゝる風波には初めて出會ひしと言ひたり」

新見正興の從者なる、仙臺の玉虫誼の記せる

「航米日錄」には——「夜に入り暴風雨となり、怒濤の觸るゝ處、船殆ど摧けんとする事數次、……午牌に至り、風波尙烈しく、天を蹴るが如く、船上を飛騰する聲を聞き、何人か魄を失はざらん。……夫より半時許過ぎ、疲勞の餘、恍惚眠に就きしが、予の寢臺は、閣板上なれど、砲窓の側にて、怒濤觸れ來り、忽ち半間許破損に及び、其破孔より波濤漲り入り、一向大川の如し。

予獨り厄路に當り、滿身波濤に浸され、耳目鼻口、悉く潮水に咽び、殆ど氣を失ひ、其場を逃る能はず、狼狽を極む。……然るに何の幸ぞや。最初逃れ出んとせし所は、破孔にて、一歩進めば大海にて、魚腹に葬らるゝまでなり。波濤の爲め後ろへ引き返され、之が爲めに、其難を逃れたり。是又天の助くる所ならんと喜ぶ」

新見正興の家臣柳川當淸の「航海日記」には、

「萬延元年正月二十七日、南風猛烈、夜、暴風雨大嵐、辰、

一、朝より波高、船の動揺甚しく、夜に入ては風雨猶烈しく、逆浪船上を打越し、舟中の甲板は大河のごとく、震動また雷のごとくにして、其波大山或は深谷に異ならず、船は天へ登り、地に落つるが如く、骨柳《こり》手道具の類は翼をなして飛行するに異ならず。燈火は消えて暗夜となる、只リウテナント（士官）のマタロス（水夫）共へ指揮の聲本元に響きて實に其おそろしき有形は愚なる筆紙に述べがたし。我朝人は少しの歩行もなしがたく、無レ據用事には、亜人に助けられて歩行す。去れども此動揺にも亜人は常にかはらず、皆船上へ出てリウテナントの指揮にしたがひ、諸方へわかれて波を防。其うち又大波うち來りて鐵の鎖をもつてつなぎ置處の櫓航一艘を奪ひとられ、此時船の側ら二尺餘を損して我等の隣り部屋へ其打破りし處より激浪漲り入て各夜具をはじめ、大小著類に至るまで潮にひたし、大に難澁す。去れども我等は只大病人のごとくにして是を助くる氣力もなく、實に哀れなる有さまなり。我等の部屋にも潮打入て骨柳道具の類うしほの中にありといへども、これをふせぐ氣力もなく、只棚床に苦しみ居たり」

二月十四日、使節一行は、ハワイに到着、村垣は記して――「二月十四日、午時波止場へ十町ば

かりにして碇を投じたり。爰はサンドウィス諸島の內、オワホ島ホノルル港とて……神奈川港より四千九十一里といふ。皇國を出でゝたゞ茫々たる洋中に數月をへて、此島に至り、人家は更なり。草木鳥獸までも見馴れぬもののみなれば、かの龍の宮にいざなはれしかとおもふばかりなり」

一行は國王謁見のこととなり、

「二月十八日、晴、此島の王、日本使節に對面の事を乞ひけるよし、テイロル（日本使節案內者）言出しが、親しき國にもあらねば、程能く斷りけれど、各國かゝる禮にて、斷りなば、禮を失ふよしなれば、領掌して、けふ午後二時と約しけるまゝに、テイロル案內して、先に一見せし公館に至る。

門より正堂まで、四五十間もあるべし。階下にて下車、此所までミニストル出迎ひ、各手をとりて階上に案內すれば、右の方椽頰にて胡樂を奏す」

「やがて正興は米のミニストル、をのれはコモドール、忠順はケピテイン、森田行はテイロル、各〻手をとりて、右の耳房に入れば、正面に王西面して、いささかの堂の上に立たり。黒羅紗の筒袖にて、米の風俗にかはらねど、金のたすきめきたるものを肩にかけり。

側に通辯官（蘭語）一人侍立、左右衞士十二三人有り、內四人奇態なる花鎗のごときを飾せしものを持、北の方には士官と覺敷きもの、ならびにミニストル等陪從、正興、をのれ、忠順、王の前に進み默禮すれば、各〻の姓名を、米のミニストル披露。王みづから、こたびはからずも、日本使節に面會して、忝けなし。なほ碇泊中何事も不自由なるべしなど、こまやかに述ければ、名村五八郎通辯したり。正興答禮して順々元の席へ退去、彼國の仕來りとて、記錄帳一冊を出し、各姓名を直書せよとあるまゝ、各しるしけり。

王妃に謁見しては

「しばしありて、又最前の席に出る、手續前の如し。王の立し所に、妃立たり。名はエレマ、年頃二十四五、容顏色は黑しといへども、品格おのづからあり。兩肩をあらはし、薄ものを纒ひ、乳のほとりをかくし、腰の方より末は、美しき錦の袴よふのものをまとひ、首には連々たる玉の飾ありて、生るあみだ佛かとうたがるばかり。

正興はじめ、妃の前に進めば、會釋有り。無程妃ならびに侍女退座、妃は上將軍、侍女も各〻士官一人づゝ手をとり誘引の後堂に入る」

「つく〴〵けふの有様を考ふるに、海外の事情はたまさか漂流人の咄しを聞書せるものを見し許なりけるを、かゝる禮節もて、國王妃に接待するは、實に夢路をたどるばかりなり。左ればたわむれに

わた津海の龍の宮ともいはまほし
　うつし繪に見し浦島がさま
王は金のたすき樣のものをかけて飾有、妃は前に云る如くあみだ佛のごとし。さればまたざれ歌を
　御亭主はたすき掛なりおくさんは
　　大はだぬぎで珍客に逢ふ」

三月九日未明、サンフランシスコ到着。その時、十二日以前、すでに咸臨丸が入港してゐることを知つた。

村垣當時を記して
「喜毅（木村攝津守）始、誰も〳〵訪來る、今朝いとはやくポーハタンのみえたるよしサンフランシスコよりテレガラフもて告げしとて、待ちかねて來りしよし、かゝる異域にて、御國の人に逢ひしは、常の旅とはかはりていとなつかしく、とみに言葉も出ぬ計なり。互に安寧を賀し、航海の辛苦を語あひけるが、此御船も風波の爲に損じも多し。殊に網具、諸の道具など古きゆへ用ひかねて難儀せしよしなり。ブルークは殊更功者なれば、北緯四十三四度まで北へよりて航しけるゆへ、サ

ンドウイスに寄らず、直に此地へ來りしといふ。御船の損じ所を改けるに、中々手重の修理せねば歸帆ならぬよしにて、渠等懇切にあつかひて、御船の修補專ら取かゝりける」

第六章　ワシントン到着

三月十八日、使節一行は、咸臨丸の人々に別れて、サンフランシスコを出發、パナマに向ふ。閏三月五日、パナマ到着。翌六日、大西洋沿岸のアスピンオールに着。此の時、彼等は始めて汽車に乘り、熱帶の風物に接し、甚だ深き感動を受けた。

一行の森田行は詩を賦して

奇獸珍禽異花簇《むら》がり
椰株ある處兩三家

眼前の風景看取し難し
電激奔過す霹靂車

この地にて米國軍艦ローノックに乘り、閏三月廿日ニューヨークに着。——二十五日には、首都ワシントンに赴いた。

正午、ワシントンの郊外ネビヤールトに著——「爰は都府の總海軍所とて、手廣く構へたり。頭役とか、吏人の總代とて、著の歡びに來り、陸には男女群集して、家のうち外、屋根までも登りて見物す。

やがてをのれ等に、ジユボンド（彼はさきにペルリに從ひ、日本に來れる人、今回接待役となる）始、各誘引て陸にあがれば、コモドール、ブカナン出迎。これもペルリ渡來の時、船將にて來りし人なり。其他五六人出で挨拶せしが、見物人充滿して、道もなきまでなり。そが中に新聞紙屋とて、そこら馳步行、何か書しるすさまなり。後に聞けば、其日の新聞紙を摺立、賣出すことのよし。かなたの二階には、寫眞鏡を掛け、をのれ等上陸の體をうつすよしなり」

使節一行は大統領謁見の日決し、その前日三月二十七日、國務長官レウイス・カスを訪問した。その翌日、大統領謁見となる。村垣はこれを記して——「閏三月二十八日陰、十二時に大統領の謁見なれば、今日をはれと、とり〴〵支度せしが、豐前守正興狩衣、をのれ同じく、忠順、森田行布衣、成瀨正興も同じ、調役徒目付素袍、通詞は麻の上下きて、正興にはジュボンド、をのれにはリイ、忠順にはレッデヤールト、各附添て四馬の車に乘り、をのれ等も、下司も今日は供を運れたり。

客舍を出づれば、先に鼠色の羅紗の筒袖きたるもの二十人ばかり立並び、次に樂人三十人、騎兵五六騎、次に御國書入の長持、赤き革覆ひ掛けたるを枠に入舁せ、定役、小人目付、通詞附添、次に正興、をのれ、忠順と下司まで順々車に乘入れ、左右ケール隊一行は足並して、樂を奏しつゝ行くに大路は所せきまで物見の車、はた步行の男女群集かぎりなし。

をのれは狩衣を著せしまゝ　海外には見も馴れぬ服なれば、彼はいとあやしみて見るさまなれど、かゝる胡國に行て、皇國の光をかゞやかせし心地し、おろかなる身の程も忘れて誇り貎《がほ》に行くもおかし」

「やがて大統領の居所、鐵の柵門有り、入口七十間ばかりも行て、堂の前に至る。騎兵、步兵、我供人まで、此所に至る。正副使監察の席として森田行以下、各別席あり。をのれ等が席は楕圓の形にして、七間に四間もあるべし。花やかなる藍もて文を出せし敷物、幷に三口玻璃の障子にて、內に戶張を掛、是も同じ色の織物なり。四方に大なる玻璃鏡を揭、前に卓を置、我國の蒔繪料紙硯、其他さま〳〵飾り有り。こはペルリ渡來の時、遣はされし物と聞ゆ」

愈〻ブカナン大統領謁見となり、

「此席（控室）にレウイス・カス（國務長官）出で挨拶して退ぬ。やがてジユボンド、リイ左右に附添、謁見の席へ案内す。成瀨正興御國書を持たり。

席の入口に至れば兩開戸を明たり。むかふへ五六間、横十二三間あるべき席の正面に、大統領、左右に文武の官人夥敷、後には婦人あまた老たるも、又姿色なるも、美服を飾りて充滿したり。

正興、をのれ、忠順一同は席に入り、一禮して中央に至り、又一禮して、大統領の前に近く進み正興御諚の趣、たからかに述れば、香村五八郎通辯したり。成瀨正興御國書を持出しければ、正興御書とり出し、大統領へ手渡しにすれば、箱は正興よりカスへ渡す。

最前の通り、中央に退けば、森田行調役、徒目付、一同出る」

「うち寄りて今日の有さまを語るに、大統領は七十有餘の老翁、白髮穩和にして威權もあり。されど商人も同じく黑羅紗の筒袖股引、何の飾もなく、太刀もなし。高官の人々とても、文官は皆同じ。武官はイボレツト（金の總）を付け、袖に金筋有り。太刀も佩きたり。かゝる席に婦人あまた裝ひて出づるも奇なり。

合衆國は宇内一二の大國なれども、大統領は惣督にて四年目毎に、國中の入札にて定めけるよしなれば、國君にあらざれども、御國書も遣されければ、國王の禮を用けるが、上下の別もなく、禮義は絶てなき事なれば、狩衣著せしも無益の事と思はれけり。されど此度の御使は渠も殊更に悦び、海外へほこりて、けふの狩衣のさまなど新聞紙にうつし出せしよしなり。初て異域の御使、事ゆへなく仰ことを傳へけるは、實に男子に生得しかひありて、うれしさかぎりなし。

ゑみしらも仰ぎてぞ見よ東なる
　我が日の本の國の光を」

使節一行はワシントンにて大なる歡迎を受け、日夜、饗宴、接待、或は見物に忙殺された。滯在約一ケ月にて、彼等は四月廿日ワシントンを去つて、フイラデルフイアに赴く。村垣の日記によれば、

「四月二十三日晴。この頃齒の痛みにてなやみければ、外へも出でず。正興、忠順は水車にて物を製する所に行たり。けふの新聞紙とて通辯者の見せしが、聊か我都府の事を記して有ければ、譯を聞けるに、心にかゝる事なれど、とふべき人もなく、打寄ては案じけれど、素より街說をしるして、信ずるにもたらぬものと打捨ても、早春に我國をはなれてより、風の便りだになければ、かゝる風

説を聞ては、さすがに寝覺にかゝりぬ」

――これは三月三日の井伊大老の櫻田事件の報道であり、彼等の心痛極めて大であつた。

彼等は四月二十八日、フィラデルフィアを發し、ニューヨークに到り、五月十三日、ニューヨーク出帆まで、同地に滯留した。十三日、使節一行はニューヨークを出で、砲臺にては、日本の國旗を掲げ、祝砲を放つた。

第七章　兩船の歸航

咸臨丸は、その破損を修繕し、閏三月十八日、愈〻サンフランシスコを出帆、四月三日、ハワイに着、四日、石炭を積入れ、五日、國王の招きにて彼等一同は王宮に到り、國王に謁見。六日にハワイを出帆、太平洋を航行し、日本に着したのは、五月五日であつた。

幕府使節の歸航のため、特に用意されたのは、ナイヤガラ號にて、蒸氣フレカツトにて、當時合衆國第一の巨艦にて、大砲八門、長さ三百四十五呎、總噸數四千五百八十噸、總員四百二十四人。五月十三日、ニユーヨークを出で、大西洋を航し、アフリカに寄港。奴隷の賣買のことを知る。ナイヤガラ號は喜望峰をめぐり、スマトラのマラツカ海峽を過ぎ、ジヤワに着し、八月十七日にバタヴイヤに入港。

八月二十日、一行は總督に面會した。村垣の日記に――「今朝第七時一同下司まで伴ひて、船將案内にて、川蒸氣に乘移れば、オランダ總督の次官なるもの迎へ來り、同船して行に、港内にあるワトシキツプ（番船）にて祝砲十九發。一里半行きて波止場に至る。煉瓦石もて巾三尺高さは水上二尺ばかりも有り。長さ我一里もあるべき輕便にして堅固なる波戸左右に有ける中を行き、小なる砲臺にて又祝砲有り。上陸すれば、コンマンダント出迎、警衞として騎馬隊前後に半隊づゝ、ソルダート一ヘトロン出る。例の馬車に乘りて走る事三里。人家建つゞきたる街を少し行て、堀割の川に添ひて行に、左右往來、人家間遠にして、樹木多し。中頃に支那街有り。三四町支那人の家つゞきたり。家の作りさま大に我國の風に似て、垣に門などあつて、雅なる風景なり。

總督の官舍に至れば、堂前にて馬車より下り、室内に入れば、總體マルメレン石にて造りたる廣き高堂なり。正面に總督、左右に高官のもの列なり、正興はカピテイン、をのれはコロネル、忠順は一等の士官伴つて前に進む。このたび米利堅へ使節として行しが、歸航はからず當港に入津せしまゝ、尋問として來りし由を述れば、懇ろに挨拶して酒一盃を出しけり。御國產の縮緬一反を贈り、暇乞して歸る」

八月二十七日、バタビヤを出帆し、九月十日に香港に入港、九月十二日、日本の情勢を知つた。

「九月十二日、我國の事は、風の便もなきが、四月米利堅にて、新聞紙にいささか聞へたる事有ければ、寢覺にも心にかゝりてバタビヤに至れば、聞へんこともありやとおもひしが、更に何の便もなく、此港（香港）にては、我神奈川に通ふ商船もあれば、いかにやと問ひけれど、委しき事も知らず、けふオランダの蒸氣軍艦入津して、長崎に在りしドンクル・キユルシユス來りしと聞きて、ホルトメン（ナイヤガラ號にある通譯者）は、蘭人なりしが、彼の船に行しまゝ歸るを待て、聞けるが、ドンクルは崎陽を交代して江都に至り、また函館に回りて來りしなれば、江都の平穩にして大老職病卒（幕府病死と僞る）と咸臨丸歸帆して、其コモドール榮轉せしと（勝麟太郎）聞しよし。函府にては下野守德保（竹內）に面會せしといふ。委しき事は知らねども、我國の靜謐なる事を聞て、人々安堵したり。外國人に我國の安危を聞き珍しき事なり」

九月十八日、香港を出帆――九月二十四日には、薩摩の徳島の近海を進む。

九月二十七日には――「今朝伊豆の山々近く、下田の沖にて、正午に成り、七島は晴て間近く、不二を見て。うれしさかぎりなし。む月（正月）の末に、富士を見送りて、東に航せし時はふた度むかふ事を神にいのりしが、地球を一周して

　和田の原朝日をさしてかぎりなく
　　はしり盡せば向ふ富士の根

大島のほとりにて日も暮ければ、蒸氣もいと靜かにして、夜九時、松賴崎に間近く碇泊」

「九月二十八日、則ち廿七日より、東をさして地球を一周すれば、一日を增し、西をさして一周すれば、一日を減ずべしと聞しが、今日御國に歸りて聞ば廿七日なり。こゝけふは晴わたり不二は朝日にかゞやき、米人は珍らしき山とて望遠鏡もて詠めけり。かくて五半時、出帆して、浦港（浦賀）の前を過ぎ、猿島の邊より風景いはんかたなし。此の春出航の心地とは大にかはり、心もうき立てかゝるうれしき事は、再度あらじと、人々云あへり。四半時頃、横濱の沖に、はし舟をおろし、下司を運上所へ遣し、所用を辨じ、家司も一人づゝ家にかへす。やがて御軍艦の當番の人々、著の悦に來りて、はじめて江都の御靜謐の事をはじめ、さま〴〵の事ども承りぬ。九半時、横濱を出帆し

て、八十時、品川の沖に碇泊、香港より千七百十七里、總里程二萬九千八百三十八里（わが里法にて一萬四千九百十八里なり）」

第五篇　日本開港の初期

第一章　ロシアの東方侵略

當時ロシアはクリミヤ戰爭において、英佛海軍のため黑海を封鎖せられ、なほ太平洋の制海權も英米に掌握せられ、滿洲を侵略せんとする野望を抱いた。

ムラウィエフは、清國の領土たる黑龍江沿岸に植民をなし、安政四年夏、自ら黑龍江岸に多數の植民隊を率ゐて南下した。この中にプーチャーチンあり、彼は清國に對する英佛の侵略計畫を監視し、機あらば、ロシアの支那侵略を實行すべきことを命ぜられた。

プーチャーチンは、黑龍江を下り、ニコライエフスク、樺太を經て、巨文島に渡り、朝鮮人より島内に貯炭所を設くる承諾を得た。

さらにロシア皇帝の書翰を北京政府に提出し、これによれば、ロシアは清國政府を援助して、長髮賊の亂を鎭壓し、その報酬として滿洲の大部分を獲得せんとするにあつた。清國政府はこれに關し、大なる不滿を抱き、却つてロシアの黑龍江占領に對する抗議を出した。

ムラヴィエフは、更に北京政府に對し、英佛軍の淸國攻擊に絕對に加擔せずとて、交涉をなした。時あたかも英國のエルヂン（Elgin）の率ゐる英國艦隊と、グロー（Gros）の率ゐる佛國艦隊とが、北京に進擊せんとして、白河の砲臺を攻擊せんとする時であつた。

今や淸國政府は窮して、ムラヴィエフの要求を容れ、安政五年（一八五八年五月二十八日）、愛琿條約を結び、ウスリー河に至る黑龍江沿岸の地をロシアに割讓、ウスリーより海に至る地は、ロシアと共有し、黑龍江、松花江、ウスリー江の通航をロシア商人に許した。

更にプーチャーチンは、六月一日、天津において、淸國の欽差全權桂良と交涉し、通商條約を締結公使を北京に駐在せしめ、英佛に開く諸港は、ロシアにも開くこととし、また淸國、シベリアの國境を測量、決定することの承認を得た。

プーチャーチンは、日本に來り、英佛に先立ち通商條約を締結することに成功した。

安政五年七月八日、太田、間部、松平、內藤の各閣老は連署にて、京都の武家傳奏、廣橋、萬里小路へ報告した。

「一、亞米利加條約の儀、先般仰進られ候通、望ニ御鎔儀一次第にて、條約調判相濟候儀の所、其頃よりロシア船の渡來、去巳年（安政四年）假條約取替はせ、相濟居候廉々取廣め、條約取結度旨申立ロシアの儀は、貿易御差許にも相成居候儀に付、申立の件々、精々談判の上取締、アメリカの振合を以、條約御取結可ニ相成一候。先達仰進められ候叡慮の趣、未だ御答仰進めざる內、右の通御取極の儀、御不審あらせらるべきやに候へども、右次第に相成候趣は、不日御使の者、上京の上、仰進めらるべく候。右の趣、先づ叡聞に達せられ候樣、御兩卿（廣橋、萬里小路）へ御達可レ申旨、年寄共申聞候事」

七月九日にはプーチャーチンは老中の外國掛太田備後守邸に至りて會見、――十二日には、ハリスの登營に準じて登營。時に將軍家定薨じて喪を發せず、病と稱して紀伊宰相が代理として接見した。日露條約は、日米條約に準じて締結された。

「帝國大日本大君と全魯西亞皇帝と、懇親を厚ふし、及兩國人民貿易の規則を立て、永久の基とし愈々完全ならしめん事を欲して、條約を取結ぶ事を決し、日本大君は、永井玄蕃頭、井上信濃守、堀織部正、岩瀨肥後守、津田半三郎に命じ、魯西亞國帝は、エフミユース・プーチャーチンに命じて次の條々を議定せり。

一、向後日本政府は、サントペートルビュルクに在留する政事に預る役人を任じ、又魯西亞國の各港の內に居留する諸取締の役人、及び貿易を處置する役人を任ずべし。其政事に預る役人及び頭立たる取締の役人は、魯西亞國に到着の日より、其國の部內を旅行すべし。

魯西亞國帝は、江戶に居留するヂプロマチーキ・アグントを任ずべし。このヂプロマチーキ・アゲント及びコンシュル・ゼネラールは、其職務を行ふ時より、日本國の部內を旅行する免許あるべし。

一、下田、長崎、箱館港の外、次にいふ處の場所を、右の期限より開くべし。

神奈川、午七月より十一ヶ月の後より、卽一八六三年七月一日兵庫、同斷、凡五十二ヶ月の後より、卽ち一八六三年一月一日。

この外日本西海岸に於て、凡十六ヶ月の後、一八六〇年一月一日より、一港を開くべし。其場所の名は開港以前に、ロシア・コンシュルに達すべし。

神奈川を開きし後、六ヶ月にして、下田港を鎖すべし。

第二章　諸國通商條約の成立

日英通商條約

ロシアのプーチャーチン來航の直後、イギリスのエルジンは軍艦を品川灣に進航せしめた。彼の秘書には、イギリスの文士ローレンス・オリフアント（Laurence Oliphant）が居り、當時の情景を描寫した。

エルジンは、佛國艦隊と共に太沽砲臺を攻略し、淸國と、一八五八年六月二十六日、天津にて英淸通商條約を結び、一年後に批准交換をなす約束をなし、この間に、日本と通商條約を結ばんとして、日本に來航したのであつた。

すでに安政元年、一八五四年十月十四日――スターリンクは、日本と修好條約を結んだが、未だ通商には及ばなかつたので、イギリス政府は、エルジンにそれを結ぶべく命令を發した。

彼は一八五八年七月三十一日、フユリアス號に乘り、上海より長崎に向つた。八月十日、下田に入港し、ハリスを米國領事館に訪ねた。そしてハリスが最近、江戸から條約書の調印を得て歸り、意氣揚々たることを知つた。

エルジンはハリスより、日本の內情を探知し、直ちに江戸に向つて進入し、日本を威壓せんとするのであつた。

八月十二日、下田を發し、五時間後には浦賀に到り、正午には神奈川灣に進入した。この附近に碇泊所ありて、三週間前より、ロシアのプーチャーチンが碇泊してゐた。エルジンはこの碇泊所に止ることをせず、一擧に江戸に侵入せんとして、遂にその目的を達し、品川灣に投錨。

やがて日本人の官吏は來り、またオランダのヒユースケンも迎へた。日本官吏は、神奈川灣へ引きかへすことを要求したが、エルヂンは斷乎として、これを拒否した。

翌朝、彼は更に水深三尋、陸上より一哩半の地點まで進出した。その側には日本の艦隊が碇泊してゐた。日本官吏は屢々神奈川へ引返すことを求めたが、エルジンはこれに從はず、彼は書を老中に出し、女王の名によりヨット一隻を獻じ、通商條約を結ばんことを請求した。

英艦には始め水野筑後守、井上信濃守、堀織部正の三人が訪れ、更に永井玄蕃頭と岩瀬肥後守の五人の外國奉行が接渉した。

八月十七日エルヂン一行はいかめしく盛装し、上陸し、傲然として行列をもつて旅館芝西應寺に入つた。

日英通商條約の交渉は、エルヂンの老猾なる態度にて、日本をば巧みに承認せしめた。

遂に一八五八年八月二十六日（安政五年七月十八日）その調印の日は決定した。

六人の日本委員とエルヂンとが、日、英、蘭の三國語の條約文及びその他の文書を検し、八十四箇の調印をなした。

調印は濟み、ヨットが献上されることとなつた。エルヂンは儀式的に日本委員に對し演說し、女王が大君に向つて友誼と好意を有することを表現した。英國旗は下され、日の丸の國旗が揭げられ、それを合圖に日本より二十一發の祝砲が放たれた。フユリアス號の六十八斤砲からも、答禮の發射をした。ヨットは、日本の艦長と日本の水夫と機關夫とが操縱して、進行した。折から夕陽は赤く輝き、富士が空に聳え、歷史的光景を現出した。夕陽が沒して、月が昇るや、花火は中天に上げられ、すべての砲臺からその答禮として、照明燈を點じた。このヨットは「蟠龍艦」と稱せられ、六十馬力、長徑二十二間、甚だ華麗であつた。

日佛通商條約

七月二十九日、エルヂンは日英通商條約調印に成功して上海に歸るや、折からさきに支那を砲擊したフランスのグローが、日佛通商條約のため、日本に渡航せんとする時であつた。グローは隨員としてモーシ侯、通譯の天主敎師メルメと共に、小汽船ラプラス、報知艦プレジュー及び新に傭入れた汽船一隻をもつて、日本に向つた。

下田港に入り、下田奉行の厚遇を受け、それより八月十二日江戸に進入。折から日本は八月八日、將軍家定の死を發表し、國喪中にて、容易に交渉に入らず、漸く上陸を許され、一行は自由に市中を散步することを得るに至つた。日本委員と十回の談判あり、遂に條約は調印された。

日本側の記錄には

「安政五午年八月二十日、フランス使節バロン・クロノカミ上陸、愛宕下眞福寺へ條約應接中、止宿御免、士官以上十一人以下十二人、政府より慰勞として使節へ蒔繪畫提げ重之菓子、酒、士官以下一同へ菓物、野菜を賜る。九月三日假條約書於二同所一水野筑後守、永井玄蕃頭、井上信濃守、堀織部正、岩瀬肥後守、御目付野々山鉦藏一同にて取替はせ相濟み。

此方よりは和文條約と税則とは、右六人名前と花押とをすえ、片假名と蘭文とへは花押計すえ、末に使節名を記し、印を押て、何れも貳冊宛を渡せり。尤も紙はマニアイ紙なり。先方よりは、此方にて認渡せし和文條約と税則とへ、使節先に名印し、六人の名花押致せしと、佛蘭兩文と、片假名貳冊宛と、蘭文と一冊差越たり。

右取替はせ濟しにより、使節へ大和錦十卷、船將二人へ小柳五卷、通辯官へ同斷、士官六人へ同じく二卷宛被レ下レ之。

近來發明せしミニエケヘールル砲六挺を献じ、打方を講武所の教授方に傳へぬ。翌々五日朝四時(午前十時)頃、一同眞福寺を立出で、新錢座より乘船し、本船に歸り、翌六日出帆せり。

但此度は、御中陰中たるにより、全く運動のためのみに近邊のみを士官計遊歩し、使節は一度御城の外郭を通りしのみにて止みぬ。專ら刀劍類を好み求めたり」

第三章　横濱開港

安政六年二月十日――幕府は神奈川奉行に通達して、横濱をもつて神奈川に代へんことを、ハリスに談判すべきことを命じた。この横濱開港のことを力說したのは外國奉行水野筑後守であつた。

しかし當時すでに外國の公使領事等は、神奈川を開港地となし、そこに居住してゐた。フランス公使は、神奈川町の甚行寺、アメリカ領事は、青木町の本覺寺、イギリス領事は青木町の淨瀧寺、フランス領事は神奈川町の慶雲寺、オランダ領事は神奈川町の長延寺に住した。さらに外國の婦人さへ、神奈川町に居住するに至り、神奈川より横濱への移轉は、當初彼等にとり甚だ不滿であつた。

ハリスはこれを強硬に反對し――神奈川は東海道中重要な驛にて、商業に適するも、横濱は交通不便の一寒村にて、貿易には都合惡し、また大名通行のため、神奈川に外人の居住するは不可とするは和親條約の趣旨に反する。また神奈川の地は狹隘にあらず、著船に不便ならば埋立をすればよいとてこれを固執した。

これに對し幕府側の主張は――條約の明文に神奈川とあるが、横濱もまた神奈川の一部である。横濱は浦賀に近く江戸交通の要路である。大名通行の驛路に外人の居するは、萬一の事勃發せば兩國の和親を害する惧ある故、これを避けんと欲す。神奈川の地形は海港としては不適である。横濱は港深く、最善の港である、と力說した。

横濱移轉問題に關し、直接ハリスと接衝したる水野筑後守の手記には、

「此の神奈川表、異人居留の事は、井上、岩瀨など、一昨年（安政五年）中、ハルリスと條約を結びし頃、彼よりは横濱、神奈川と引分け、貮ヶ所に申立たりしが、横濱をば斷り、宿驛の方に定めたるにて、貮ヶ所にては、不都合なるべしとて、取計ひたる趣なり。

然るに宿驛に各國人居留すれば、旅行の輩、止宿にも混亂し、諸國人民通行繁く、公家の通行、萬石以上の交代旅行など、いか樣の差支を可申義難計なれば、横濱の方に居留せしめんとて、去春（安政六年）已來度々廟堂より命ぜられ、ハルリスと再三辯論に及といへども、條約に、神奈川の町を開くとありて、其約を定し頃は、横濱は畑にして人家はあらず、殊に横濱を加へ、書出した

るを此方にて除きたれば、今に至りて、變じがたく、往來の地にあらざれば、商賣等交易の便ならず。横濱は邊土なりとて、果は激怒し承引せず。此方よりは宿驛も、横濱もともに神奈川一灣の中の地にして、其所に居留を許し、家屋を建てしむれば、則ち條約の意に叶ひ、且此方商賣も横濱の方は、岸深く陸地廣く便なるが故に、居留地を好む旨を説諭すといへども、頑固に申張り、果は違約など唱へて、本國に達して戰爭を起さんなどと申募ると云へども、素より一灣中の地なれば、違約の事なき旨、主として、種々辯論に及しに、遂に屈服せず。

開港期日までは、先づ其儘になし置んとて、其後は辯論をも受けず、下田に歸り、直に本國の便船を得て、長崎に至り、清朝へ行たり。

五月の頃、下田に歸り來り、英のコンシユラールを伴ひ來り、先づ英艦を開港期に臨み、品川に入帆せしめて、期日に至り、神奈川に任せしむるコンシユルの居所並に商人の借家など設あるやを問ひ、直に彼地に至らしめ、ハルリスも六月二日後江戸に來りしが、横濱へは上陸せず、善福寺を旅館として上陸し、舊によりて横濱をば承引せず。

宿驛の方にて、居留地を求めしにて、追々蘭も、佛も、コンシユル渡來したるをすゝめて、倶に其意を主張せるにより、廟堂再議ありて、止むを得ず、子安の邊を、割渡し置たるなり。

此方にてはハルリス去春中、下田へ歸り、淸國へ赴たる中に、日夜を分たず畑をならし、山を開き、商人を移し居住せしめ、御役宅を初め、役々の宅は云におよばず、波戸を築き、會所を建て、藏をつらね設しにて、其事三月の末より起り、六月二日までの間なれば、其事に預れるものの功勞おもひやりぬべし。

これ宿驛（神奈川）の方にては、前段の如き障りあるのみならず、追々各國より居留し、蔓延に及ぶ所は、夷人も雜居となり、街道をも移す外はなく、其果て取締も立がたきが故に、開港前に、宿驛よりも盛んにして、ハルリスを初め、外國商人等をして、此所（横濱）に足を留めしめんと、上下こぞり心を合せ、取設けたるなり。

然と雖もハルリスは、一度も此地に來らず。他の官吏までをも語らひて、前意を主張せしが、蘭の官吏は初より此地の形勢便利を見て、宿驛（神奈川）を好まず。英も左のみ、宿の方を要とせざれども皆ハルリスのいざなひによりて、雷同せしなり。

然るに外國商人等は、一人も宿驛の方を好む者なく、取定めたる地へ家を建ん事は更にうけがはず。彼地の官吏等百方辯說せし由なれ共、官吏は素より、其國の商人は益あらん事を計らんがため居留の事にて、其給分も旣に商賣等より與へある所、不辨なる宿驛（神奈川）に地を約して、地勢備へたる横濱を否むは、更に其議に應ぜざれば、本國に達して、官吏を引替べしなど申募りたる由にて、遂にハルリス神奈川のコンシュル館にいたり、去十二月中商人等に說得せし由なれども、更にうけがふものなくて、空しく歸り居たりしが、遂に本文の如く申出でたり。

一、申正月二十日（萬延元年）神奈川表外國人共、居留地宿驛の地はづれより、子安村までかけて五町許の海岸片頰を、去未年（安政六年）中約定ありしに横濱の方にて、各國商人の住地割渡されんことをコンシュル共より申立て、英亞兩國のコンシュルは、其館舍をも同所に取立度申立たるにより、其旨に應ずべきやの段伺たり。同二十二日、伺の通可二取計一旨、中務大輔（脇坂安宅）より達あり。

去春已來、此事に預たる輩の心裏は、いふにおよばず、永久の都合いか計なるべきにや、地利、人利を得る時は、外夷の凶暴といへども勝事能はず、先賢の格言おもひあはすべく、ハルリスの奸邪察すべし。去春堀織部正、村垣淡路守と共に、金川の驛亭にて、ハルリスと横濱地の事を論ぜし時、再々復論、彼は横濱は金川の地に非ずと云、我は一灣の地と說く。既に初めペルリが、横濱にて定めたる條約を、ハルリスの定めし條約には、神奈川條約と掲げ置けるは、横濱も金川の地たる事、我辯を待ざる旨等辯ぜしに至りて、彼が手に持居たる條約書を机上に打つけ、又は脱置きたる毛衣を取てあらかに打かけ、或は直に立去らん體をなして、脱してかたはらの床に置たる劒を取りて、いかめしく帶したるなど、實に暴戻自恣、詞に述べかたく、筆にも記しがたし」――いかにハリスの我に對する傲岸不遜なる態度ありしかを思へば、今さらにアメリカの恫喝外交の本性を自ら暴露せるものである。

ハリスが獨り執拗に不法極まる反對をなしたが、外國の商人等は續々として橫濱に移住するに至り横濱の開港は、事實として出現するのであつた。

横濱開港の當初から、生糸と茶とが、重要なる輸出品となり、金も大いに流出した。銅もまた盛んに輸出されたが、幕府は萬延元年十月二十一日、――銅類の外國に賣ることを禁ずる命令を出した。

第四章　露使ムラヴイエフの渡來

安政六年七月、ロシアのシベリア總督ムラヴイエフが、七隻の艦隊を率ゐて、神奈川に入り、その四隻は品川にまで侵入した。

幕府は直ちに外國奉行をして、これと接衝せしめんとしたが、彼は傲然としてこれを拒否し、更により上の大官と會談すべしとして聽かず。

幕府は若年寄遠藤但馬守、酒井右京亮を遣して、その意向を問はしめた。ムラヴィエフは威壓的に――今度ロシアは新しく清國と條約を結び、アムール一帶の地を割讓して、長くロシアの領地たらしむるに決す。かくてサガレン（樺太）もまた當然ロシア領たるは明かである。日本の漁民の居住するは、單にその南端なるアニワ港のみである。その漁業には何ら妨げなく、樺太島全島をロシア領なるを承認せよと迫つた。

遠藤、酒井の二人は、大いに驚き、これは一大事件故、相談の上、後日返答すべしと云へども、ムラヴィエフは、堅く卽答を求めてやまず。辛くも、其の日は二人は、返答をせずして逃るが如く歸つた。

ムラヴィエフは芝西久保天德寺に宿し――七月二十六日――遠藤、酒井の兩人は、堀織部正、村垣淡路守を伴ひ、天德寺にて談判に入つた。

ムラヴィエフは、傲岸なる態度にて――サガレンは百十七年以前、すでにロシアの所領であつたが中頃、支那領となつた。日本の漁民が、この地に漁業を行ふのは、僅に八年前からの事だ。しかし今やロシアは新しく清國と條約を結び、アムールの全地を清國から獲得したる故、サガレンがロシア領に歸すべきは當然であると。

――これに對し、幕府は卽答をば拒否し、何らの決定を見ざる情態であつた。

ムラヴィエフが江戸にて幕府に對し樺太全島を領有せんとする談判が行はれつゝある時、これを憤激せる攘夷派は、ロシア人に對し、甚しき反感を抱いた。

突如、ロシア軍艦乘組の三人が、神奈川上陸の時、何者かによつて殺害された。

幕府はこれに關する公文書を發表し、

「安政六未年八月朔日、魯國軍艦へ差遣候書付。去年(七月)廿七日、夜六時頃、當所に於て、魯國士官一人、水夫體のもの二人を、何者とも不知切殺し、又は疵を負はせ逃れ去れる段、同所役人共訴へ出る間、速に役々差遣し逃れ去る者追捕の令を下して、手配致すといへども、今に其行衞知れず、近傍に住る商人共をも呼出し、各見聞の次第を糺せし處、別紙の通申立候。心得のため差進め候。

且亞國測量船の水夫其場の様子目撃せし廸、右船將よりも其始末具に書記し、差越したれば、捕押方手續にも可ニ相成一哉と、猶又其段諸方へ申遣候。暴逆所業可ㇾ憎之至、早速取押へ、嚴科に處すべしと、日夜を分たず、探索いたし居候。不慮の事にて、其災厄に遭し人々は云ふに及ばず、其許にも右取計の爲、態々當所へ相越され候段、氣の毒の至に候。猶又の趣アジュタントへ委細申聞けられ候樣致度候。謹言。

水野筑後守
加藤壹岐守

この事件に關し「續德川實紀」には

「一、當七月二十七日暮六時頃、神奈川横濱町において、何者とも不ㇾ知魯西亞人を殺害におよび逃去、行衞不ニ相知一、其節魯西亞水夫所持金銀ブリッキ箱入の儘紛失の處、其後神奈川太田町堤外海面に、右箱銀錢十六枚、金錢一枚入捨有ㇾ之候。且又傷におよび候場所に、左の品々捨ㇾ之候。

一、麻鼠返し割羽織一
一、刀の折れ七寸程
一、麻裏草履片足
右の通候間、末々に至迄遂二穿鑿一あやしきものを見および聞及候はば、最寄奉行所御代官所に訴出べきもの也。
右の趣不レ洩様可レ被二相觸一候

この事件を知り、各國領事等大に驚き、直ちに運上所に行き奉行に面會を求めた。しかし水野奉行は戸部の役所にありて、面會せず。翌朝、彼は運上所に出でた。

すでに江戸も横濱も物情騒然たるものあり、ことにイギリス公使オールコック（Rutherford Alcock）は率先して、諸外國の公使を聯合し、幕府閣老に對し強硬なる申入を行つた。

ムラヴィエフは、却つて日本國内の切迫せる情勢を見て、事を大にすることを恐れ、幕府と談判して、次の對策を決した。

一、奉行が當夜現場に駈付て、自ら逮捕を命ぜざりしは、怠慢なるが故に、日本政府は奉行を罰すべし。

二、日本政府は其費用を以て、不幸なる被害者士官の爲に葬を營み、其墳墓を横濱に建立すべし。
三、日本政府は、露國全權に此事を謝し、右の葬式には、奉行をして會せしむべし。
――かくて一先づ事件は落着し、水野筑後守は、外國奉行兼神奈川奉行を免ぜられて、御軍職奉行に移された。しかしこの事件以後も、水野は依然として外國事務に與り、外國奉行の役所に出で、閣老の應接の時には、宵に屛風の陰にあつて聞き、世に屛風水野と噂せられたのであつた。

その後數年、慶應元年の初、武田耕雲齋の一黨が訊問せられし時、その黨中に、小林幸八といふ者がこの時の刺客なりしことが明となり、その五月に横濱にて斬刑された。

第五章　夷人殺害事件

横濱にてロシア海軍士官が暗殺されて間もなく、十月十一日またフランス人使用の支那人が、負傷した。

十月十一日、フランス領事ロレロは神奈川奉行赤松左衛門尉、酒井隠岐守に嚴談するのであつた。さらにイギリス領事もそれに參加し、日本官吏の不行屆を難詰した。

外夷に對し、暴行の禁令は、安政六年八月四日に發せらる。――對二外國人一加二不法一禁令

一、外國人共市中其外致二歩行一候節、故も無レ之礫を打、其外不法の儀仕懸け候もの有之、右は畢竟末々勘辨も無之者共之所行に可レ有レ之候へども、御國の御制度不レ被レ爲レ屆に相當り、外國へ對し御外聞にも相拘り候儀に付、及二不法一候者は召捕糺明の上、夫々御仕置可二申付一候。併外國人の爲に、御國人の人民御仕置相成候儀は、何共歎敷、難レ忍次第に付、此儀相辨へ、心得違無之樣、家來末々に至迄、主人々々より能々被二申付一候。

右の趣、向々へ不レ漏樣、早々可二相觸一候。

安政六年十月十六日、閣老間部下總守は、外人殺傷に關する禁令を公布した。

神奈川表へ相詰候

御目附へ

神奈川表の儀、開港以來、外國人來舶居留の者も有之、此方諸商人等も入込、殊に東海道往還筋にて江戸表へ接近の場所に付、入込候者共は勿論、往來旅人等に至迄、如何の儀無之樣、精々心付け、御取締筋嚴重取計可申筈の所、當七月魯西亞人三人迄及二殺害一逃去候者、召捕方勿論見留候者も無之哉に相聞、全く不慮の儀とは乍レ申、既に右體の儀有之上は以來の儀、別て厚く心付け、取締向如何樣にも取計ひ、油斷有之間敷處、今般又候佛蘭西人召仕候支那人を及二殺害一逃去候者有之其餘先達て外國人書狀入候、御用狀途中において紛失、又は英吉利人旅宿へ雇はれ候者、洋銀等取逃致し、同國人連來り候日本漂流人如何の所行も有之哉の趣、重々不取締の事共に相聞候。

外國へ對せられ候義、御外聞にも拘り候のみならず、右樣の儀度々有之候ては、終に御國の御大事をも引起し可申、不二容易一次第に有之、開港以來、奉行兩人宛在勤、支配向の者共も、夫々相詰め、其方共始立會役々をも差遣はされ候處、其詮も無之始末、畢竟申付方不行屆、支配向の者共、勤方等閑故の儀と相聞、不束の事に付、嚴重の可レ被レ及二御沙汰一處、此度は格別の御宥寃を以、不レ被レ及二其儀一候間、以後急度入念諸事手拔無之樣心得、支配向の者共、勤惰をも相糺し、御取締嚴重相立候様可レ被二取計一候」

萬延元年二月五日、また二人のオランダ人が殺害され、加害者は不明であつた。

横濱町においてオランダ人二人逢二殺害一候始末申上候書付

神奈川奉行
神保伯耆守

今夕六時半頃、横濱町四丁目五丁目間において、外國人相手不レ知、逢二殺害一候趣、町役人共訴出候段、支配組頭より申越候に付、隠岐守（酒井）神奈川最寄手配方心付致し、圖書守（竹本）石見守（松平）並に神保伯耆守は不二取敢一會所へ出張、其以前支配向役々立合方共罷出夫々相糺候處二人共オランダ船乗組のものにて、一人は船主、一人は商人に有之、右船主は左り耳上より鼻へ懸一尺程、右の頬より肩へ懸、一尺一寸程、同肩下三寸程、右手首指五本とも切落、左指一本、同小指下り甲へ懸、二寸程切疵有之、即死罷在、商人の方は、右手中指共三本落し、左右肩先一尺程宛二ヶ所、鼻より左の頰へ懸け九寸程、右耳より左耳へ懸五寸程、左脇腹より背筋へ懸一尺程、深切疵有之、是又即死罷在、前書船中のもの等追々場所へ出張、死骸引渡受取度段申聞候に付、御目付方立合、前書疵所見分致し候。支配向より右死骸引渡し遣し申候。

尤殺害に及び逃去候者の儀は、追々取立候關門〆切、往來相改させ候は勿論、市中取締掛り、定廻り其外當表へ出張罷在候鵜殿十郎左衛門組の者等、夫々手分致し、猶は取調役をも差出し、海陸共捜索に及ばせ、神奈川宿の方は、隱岐守及ニ差圖一同所詰の者等即時に差出し、外出張のもの共、一同前同様取計申候。猶追捕の始末等追々可ニ申上一候へども、先此段不ニ取敢一申上候。

申　二　月　五　日

酒　井　隱　岐　守

竹　本　圖　書　頭

松　平　石　見　守

神　保　伯　耆　守

當時、日本の貨幣と外國の貨幣との差甚しく大であり、このためわが金貨の外國に流出せること莫大なるものがあつた。

わが銀貨一分銀は、金貨の小判又は一分判に對し、金一銀六の割合であつたが、海外にあつては金一銀十六の割合にて、金貨の流出の奔流の如くであつたのは當然であつた。

安政六年、幕府は大いに驚き、その金貨の量を減じた安政小判を出し、金一銀八としたがなほ外國に比して大であり、翌萬延元年また改鑄するのであつた。これ萬延の豆小判にて、幕府の最後の金貨であつた。

これは金貨のみならず、銅貨に對しても同樣であり、銅の流出も甚しきものであつた。

かくて外國貿易により、わが國内の物價も夥しく暴騰し生活難は愈〻大となつた。しかも海外よりペスト、コレラ等の傳染病の移入あり、幕府外交並びに外夷に對する反感は愈〻倍加した。

第六章　プロシアとの條約締結

さきに幕府は米、英、露、佛、蘭の五ヶ國と條約を結び、さらにオランダの仲介にてポルトガルとの條約が成立せしめんとした。

萬延元年五月——ポルトガル使節イシドーロが、軍艦にて品川沖に來り、老中に謁し、日本全權外國奉行溝口讃岐守との間に條約を定めた。

萬延元年七月十九日（一八六〇年九月八日）、プロシアの使節オイレンブルクは、四隻の艦隊にて來航し、隨員と共に、六隻のボートにて、品川海岸に上陸、馬上にて赤羽接待所に入つた。

幕府は外國奉行堀織部正、村垣淡路守、御目付黑川左仲を全權として條約の交渉をなさしめた。

七月二十九日――オイレンブルクは、安藤對馬守邸を訪問、その使命のことを陳述した。しかし幕府はこれを容易に容れず。

日本プロシャ條約の談判の時に、十一月八日夜、談判委員堀織部正が、突如自殺した事件が勃發した。

福地櫻痴の記すところによれば

「堀の自殺は、十一月八日の夜と覺えたり。此頃御本丸は炎上して、諸役所は、將軍家に從て、西丸に移され、外國方は西丸と二丸とに分れて、事務を取扱ひたり。此日余は午頃より二の丸を出で西丸に出勤して、例の如く、御書翰掛の詰所に居合はせたるに、此の詰所と奉行部屋とは、纔に障子一重にて、互ひに手に取る如くに聞えたるが、溝口讃岐守（外國奉行）は、外より來りて、他の奉行に向ひ、何事かは知らねども、只今御用部屋（内閣）にて、織部正が對馬殿（安藤）に向て、烈しき議論最中なりと語れるを、余は親しく聞たるなり。尤も其頃は、水野、堀の諸賢が、閣老と議論せるは、時に是ありしを以て、敢て意に介せざりしが、暫あつて堀は奉行部屋に入來りて氣分勝れざれば、御先に御免を蒙ると、同僚に挨拶ありて、部屋を出でられたり。

凡そ奉行の出入は、調役にも膝を突て答禮すれども、其以下の定役同心には、立乍ら答禮するが例なるに、此日堀は定役同心の居並びて會釋したるにも、膝を突て答禮して歸つたりと云へり。（是は後に聞たる話なり）

其あとにて、水野は堀の顔色太だ濟まぬ色にてありしが、小心の人ゆゑ、思詰て切腹でもせねばと懸念したれば、村垣淡路守が、左る懸念はあるまじ。併し近所ゆゑ、退出がけに立寄て慰むべしと云ひたるをば、同く漏聞たり。是れ堀と村垣は、倶に築地に居住したるが故なり。

斯て此夜、余は水野の邸を訪ひ、筑州に面會して、談偶々晝間の堀の事に及びたるに、筑州は、對馬殿と堀との議論は、何事なりしか余（筑州）は知らず。併し對州も隨分無理を云ふ人なれば、堀も激したるならんと言はれたり。當時、余（福地）は獨身のものの氣樂さに、其夜は水野の邸に宿したりしに、其曉に及び、俄に邸内物騷しき聲するによつて、目を醒して聞たれば、唯々堀樣より火急の御使にて、織部正樣御切腹との注進あり、よつて殿樣（筑州）には是より直に御越あるべしとて御供觸ありと云へり。其自殺の趣意は、固より余が聞くを得ざる所なりき。

但し堀が自害の原因は詳ならず。或は云ふ、ヒユーヌケン暗殺の兇徒中には、堀の家來某と云へるものも、嫌疑者の一人なりしかば、堀は痛く其爲に心を苦しめたりと」

——しかしヒュースケン暗殺のことは十二月五日の一ヶ月後なれば、福地の誤りである。

「或は云ふ。フロイス國の條約は、フ國に對してのみ全權を與へられたるに、其の草案の成るに及びては、フロイス及び其附屬國なるメクレンブルク、ハンボルグ、ブレーメン等の諸國を歷擧してありければ、安藤閣老は、大に之を不可なりとして、堀を詰責し、堀も亦之に抗辯したるが、激論の由て起りたる趣意にて、其の語氣は、遂に他の內外政治に迄も、論及したるなりと。蓋し兩說共に實を得たるが如し。何となれば、現に余が當地淨寫したる條約草案には、是等附屬國の州名を歷擧してありしに係らず、其後竹本圖書頭が、堀に代りて全權となりて、同年十二月十四日に調印せしフロイス條約には、單にフロイス國とのみありて、彼の附屬國の州名を除きたるにて、之を推知するに足るべきか」

櫻痴は、堀織部正の人物性格を記して
「堀は當時外國奉行中の人物にて、外交の事務には奉行多人數ありしと雖も、此人と水野筑州と二人にて處理したるなり。筑州嘗て余に向て嘆じて曰く、外國奉行は、頭を並べて員に備はるのみにて、更に是と云ふ意見もなく、盲判の檢印を突には辟易なり。此程予（筑州）は窃に織部と謀り、數十通の廻議書類の中にて、互に意見を異にするものを分ち、織部が是としたる議には、予は小印を押さず。又予が是としたるものには、織部は小印を押さずして、之を同僚の議に附したるに、何れも異議なく押印したり。其後更に互に廻議を取替て、非認の趣意を附箋して出したるに、是にも亦同じく押印したり。依て織部と兩人にて、之を同僚に責めたるに、同僚はさればなり、筑州、織部兩人の中にて、一人の檢印あれば其を目的に檢印するが、我等の心得方なりと答へて、誰あつて赧然たる者なし。以て其の無能無識なるを知るべしと。以て筑州が堀に重を置たるを證するに足れり。

此人生得小心翼々たる人にて、學問も相應に出來て、西洋の事にも粗ぼ通じ、武藝の中にて、砲術はその得意とせる所なりき。又箱館奉行にて、少く彼地に居たりければ、北海の防禦、北地の開拓には、常に心を用ひたり。其の外國人に接するや、溫厚にして、諸を重んじ、他の幕吏の如くに輕躁ならざりしかば、外國人も此の人を愛し、フロイス國全權の如きは、特に堀を愛慕して良友と呼びたりき」

第七章　ヒュースケン暗殺事件

ヒユースケンはオランダに生れ、アメリカに來りて、さきにハリスに從ひ、その通辯官として下田に來り、やがて公使の書記官に任ぜられ、ハリスと麻布の善福寺の米國公使館にあつた。プロイスの使節オイレンブルグが來朝し、通商條約の談判をなし、事態が澁滯するや、ヒユースケンは大いにその成立に、盡力したのであつた。

十二月五日夜――ヒユースケンは暗殺され、そのことに關し、外國奉行水野筑後守は後日、手記して

「萬延元年庚申十二月五日夜五半時（午後九時）頃、麻布善福寺に旅宿せるアメリカ、ミニストルハルリスに隨從せるコンシユル館の通辯官ヒユスケン、赤羽根のフロイス旅館より騎馬にて歸れる

折、森元中の橋の北頰に至り し頃、四五人刄を抜連附添の先乘鈴木善之丞の馬を切り、其次のヒュスケンをば横ざまに脇腹を切、跡乘阿部孝吉、近藤直三郎の腰差挑灯を切落して逃去りぬ。先乘は馬驚きて駈出ながら斃れて落馬し、ヒュスケンの馬も、四五十間駈出せしが疵所の傷強く、別當に扶けられ、馬より下りしが、其儘倒れ伏、跡乘二人は、ヒュスケンの跡に追附たる迄にて、拔合せる事もなく、相手をば取逃したり。

ヒュスケンを戸板にのせて宿寺に至り、疵口を縫たりしが夜半に及びて絶命し、八日に麻布の光林寺に葬りたり。其時は外國奉行新見豐前守、村垣淡路守、小栗豐後守、高井丹波守、瀧川播磨守熨斗目麻上下にて同行しぬ。附添の三人は、七日より池田播磨守懸りにて吟味となりぬ」

ハリスはこの事件に關しては、あくまでも激化せざることに努め、イギリスのソル・ラザーフォード・オールコックを始め大に憤激して、強硬に抗議せんことを主張したが、ハリスはこれを抑制することに成功した。

しかし英、佛、蘭の三公使は憤然として、江戸より横濱まで退去し、一時、事態は最後の危機に迫つた。

四月二十六日、ヒュースケンの護衛の人々より、辻番の者迄もすべて處罰された。これをハリスに報告し、これにて一切は解決し、ヒュースケンの老母に對し、洋銀一萬枚を贈與した。

第六篇　英露の對馬占領計畫

第一章　ロシア軍艦の對馬占領

イギリス、ロシア兩國はアジア太平洋侵略に虎視眈々たるものあり、かくてアジアと日本との通路の重要地點たる對馬に對し、英露は鋭い奪取の眼をそゝぐのであつた。

イギリスは對馬の周圍を測量し、英公使オールコックは幕府に對して申入れ——もし、歐米各國に戰を開くことあらば、或は對馬はその爭奪の地と化すなきやも知れず、早くその港を開き、各國の船艦に出入を許し、人民を居住せしめば、權力の權衡上、日本の無事なる道であると勸說した。

ロシアはこれに鬪し、日本にゐる領事コスケウイチに內諭を傳へ、その英國の計畫を檢せしめ、さらに自ら對馬を先取せんと企てた。

文久元年二月三日——ロシアの船將ビリレフ乘組の軍艦對馬に來り、船の修復を申立、滯留のことを申込んだ。

しかも對馬にてロシア水兵の荒掠あり、このことを四月十四日——宗對馬守は、幕府に屆出でた。

「追々、御案内申上候領内滯泊のロシア船去る十二日、於二大船越瀬戸國一小者安五郎と申者を鐵砲にて相果し、堅めの鄕士二人搦捕り、不法の所業及二増長一候段は、翌十三日附を以て、御指揮奉レ伺候通に御座候。

然る處、十三日、亦々異人共凡百人程端船數艘に乘組、大船越瀬戸番所前へ乘來り、同所の儀は瀬戸國通行の小船を相改め候迄の番所と申、殊に異船繫泊の場所程遠に付、堅めの人數も無之候を見込、直樣揚陸取圍み、番人二人、足輕一人引立て、端船に乘せ置き、番所在合せの武器類、諸品に至る迄奪取り、夫より村中へ散亂狼藉に及び、鄕士の武器類は勿論、民家の在合せの金銀錢米穀品物、且小屋小屋へ繫置候牛七匹掠取、端船に取乘せ、本船へ漕歸候。

右の通追々の亂妨次第に差募候へども、何扁兵端を不レ開樣にと、厚く相諭し罷在候所より、異船近邊の村々は無二詮方一退散に及、所々へ野宿罷在候樣の儀にて、哀れ至極の體たらくに罷成、此場に至り、如何程も穩順の逆相盡度く、千辛萬苦、下知を加候ても、憤怒逆上の人氣、甚以て心元なく、最早事旦夕に差迫り、不安次第に奉存候。此上猶も必至の差圖を以、暫く取押へ罷在候は、偏に皇國一般の御一大事と奉存、昨十三日附を以、委曲奉二伺置一候。然處、唯今に至り候ては、却て本朝の御武威を奉レ汚候場合に可二推移一哉と、私深く奉二恐入一候體勢、御賢明被二成下一、何分速に御英斷の御挨拶被二仰出一被二成下一候樣、偏に奉願候。

――この書狀は五月十五日、江戸に著した。

第二章　イギリス軍艦の來襲

さらにイギリス軍艦も對馬に來り、益々險惡の情勢迫り、四月二十二日、――宗對馬守は、届書を幕府に差出した。

「先書追々御案內申上候晝ヶ浦村芋崎內古里浦へ碇泊ロシア船の儀、是と相變る儀は無之候へどる、不レ絶難題ヶ間敷儀等申立、異情難レ量、取扱方致二迷惑一罷在候。

一、去十四日鴨居瀬浦へ繋泊の異様船、同じく十六日遂二問情一候處、南京人乘組居候へども、文字不通にて、事情委敷不二相分一、先書及二御屆一置候府内浦出帆のイギリス船と相見え、人數六十人乘組、是より尾崎浦へ罷越候段申聞候。

一、同十五日申の刻頃、西海洋へ異様船一艘相見候處、無レ程淺海へ乘入れ、尾崎浦へ致二繋泊一候段遂二注進一候に付、問情使差立候處、到着以前翌未明退帆いたし候。

一、同十六日午刻頃、東海洋へ異様船一艘相見候處、鴨居瀬繋船の異船より合圖と覺敷大砲相發候處、直に船を向替、鴨居瀬浦へ乘越、致二繋船一候段、遂二注進一候に付、問情使差立候處、人數五十人乘組、イギリス國の軍船に候段申聞候。

一、同十九日鴨居瀬來泊の異人ども、端船より揚陸○邊○有之候松木伐木いたし候に付、手様を以相支候處、薪にいたし候趣に相見候間、則ち薪五十把、魚類少々相與候。

一、同廿日辰之刻頃、鴨居瀬浦新來の異船一艘無二異議一致二退帆一候。

一、同日豆酘《つ》浦へ異様船一艘來泊、早速端船より揚陸、松木一本伐取候段遂二注進一候に付、問情使差立候處、到着以前致二退帆一候。

一、同廿一日卯の中刻頃、豆酘浦洋西の方より、異様船二艘相見、何れも北東の方へ乘去候。
一、同日辰之刻頃去る十九日鴨居瀨浦來泊のイギリス船一艘無二異議一致二退帆一候。
一、同日午之刻頃、異様船一艘西海洋へ相見、無レ程淺海内へ乘入、尾崎浦へ繫船仕候處折柄別船問情使〇〇居付、直に問情取計候處、ロシアの船にて、人數三百人乘組、廣東より七日振著船の由、船士の名タイトウと申聞、大砲二十二挺積入居候。
一、同日未之刻頃、異様船一艘東海洋へ相見候處、城下近邊根緒浦へ碇を入、異人共端船にて揚陸松木十五本伐取、直に城下阿須浦へ乘入候に付、堅めの人數差出、問情使差立候處、鴨居瀨浦退帆のイギリス船にて、外相變候儀無之候。
一、今廿二日卯の刻、城下阿須浦へ來泊のイギリス船一艘、無二異儀一致二退帆一候。
一、同日未の刻頃異様船二艘西海洋へ相見、無レ程淺海内へ乘入、尾崎浦へ繫船いたし候段、遂二注進一候に付、問情使差立候處、何れもイギリス國の軍船にて、内一艘は人數八十人乘込、大砲三挺積込居候。
右の通御案内申上候。尤海岸警衛向無レ怠手當罷在候。猶此後の動靜追々御案内可二申上一候」

戰々兢々たる幕府は對馬國主、宗對馬守に對し、命令書を出して

「其方領分ロシア船渡來に付、追々申聞られ候趣も有之候間、先般小栗豐後守、溝口八十五郎差遣はされ、且箱館在留ロシア・コンシユルへも、右引拂はせ方、箱館奉行より相達せさせ、長崎奉行よりも支配向差遣はし候趣に候間、最早同人共到着にも可有之、彼方談判を遂げ事情相分り候はば、以後無法の擧動も有之間敷、畢竟彼我言語相通ぜざる邊より、自然間違等も可有之、双方の行違より不ㇾ容易儀を引出し候ては、以ての外の儀に付、家來末々迄、能々諭告いたし、諸事豐後守等へ承合はせ、取計候樣可被致候事。」

また對馬の宗氏へは、全藩に次の書付を觸れしめた。

「今般碇泊の洋夷、追々輕侮の振舞、不ㇾ堪二憤怒一候へども、當家より兵端を開き候儀は、大切無限に付、是迄相忍居候。しかる處、此節於二大船越一固めの者、及二殺害一候一件、最早渠より事を破り候事故、是非不二打取一候ては、難ㇾ叶場合に付、則ち戰鬪に決心せしめ候。一應公邊へ不二申上置一

候ては皇國一般に相係り、恐れ入り候次第に付、早追ひを以て、其段相伺候。然る處宗氏の存亡、爰に決し候事故、假令兵食不足候とも、州中一致拋身命家名不汚候樣、精忠賴み入候事」

第三章　日露談判

長崎奉行組頭永持亨次郎は、幕府の命にて、對馬芋崎碇泊のロシア船將ビリレフ（Birilieff）と、五月三日、五日、七日に亘つて、談判した。

さらに幕府は對馬に小栗豐後守、溝口八十五郎兩人を派遣。――彼等五月七日に對馬に到着、直ちにロシア人と談判をなした。彼等は幕府に報告書を出し

「私共儀去七日（五月）對州表へ無滯著岸、直にロシア人へ及應接候處、ロシア人申立候は、差當り領主へ面會の儀申立、滯留中彼是世話に相成り、且は船修理の儀不容易厄介に付、謝禮申

述度との趣に付、其の儀に不レ及、謝禮の儀は、政府へ可二申達一、領主へも宜敷可二申述一面會の儀は斷申候處、聞入不レ申に付、未だ國人折合無レ之旨申渡候處、彌申募り、是非押寄候ても、不レ遂二面會一候ては、日本和親の詮無レ之迚、更に聞入不レ申候に付、品能申諭し、兎も角國人折合候迄、暫く差延候樣說得いたし、漸々聞入申候。未だ亂暴等の談判にも至り不レ申候。右は著船不二取敢一應接の次第申上候。以上。」

ロシア使節はあくまでも對馬領主に會見せんことを強要し、小栗豐後守はこれを拒否し、對馬領主も容易にこれを諾せず。

しかもロシアは對馬に滯留して去らず、事態は益々急迫した。五月十九日に、小栗は對馬を出發。

五月二十一日附、宗對馬守は、幕府にこのことを報告

「追々御案內申上候、領海古里浦へ碇泊のロシア船、輕蔑不法の擧動御座候へども、是迄は御指揮伺中の事故、何事も穩順の道、樣々差圖罷在候內、小栗豐後守以下被二差下一候に付、諸般共加二示談一、右御役々より應對も有之候へども、私へ對面の儀、根強く申聞け、昨廿日問情役へ申出候は來る廿五日領主へ爲二對面一城下へ罷越候に付、馬か、駕籠か用意貸渡候樣。若し其儀不二相叶一時は新來の蒸氣船へ乘組、城下浦へ乘廻候段申聞、且明後日は侍一人繪圖仕立の爲、端舟より大船越廻

船、城下迄差越候間、陸へ宜しき宿願二用意一呉候など、如何にも押付候申分に御座候。

尤一昨十九日、豊後守出船前朝、家老共召呼、渠より申立の通、何分私對面上遊歩差免候樣、嚴重申聞。

右は御差圖も同樣の譯柄に候へども、毎度奉二申上置一候通、兎角家中の者ども、憤怒強く、甚だ當惑罷在候。依之近來は留船碇泊最前の堅め等には、成丈召仕不レ申、鄕士の者どもを以て、爲二相堅一候處より、追々不束の事共出來仕、自己の恥辱は、相厭不レ申候へども、今更に至り、本朝の瑕瑾、無二此上一御事哉と深く奉二恐入一罷在候。就中此節渠等押て城下へ罷越、其節の振合により、萬一異變差起可レ申哉も難レ量、其圖に至り候ては、中々以て取押相成候譯に無二御座一、何共當惑途方に暮罷在候。就レ夫豊後守歸府の上、當國の體情、委細御承知も可レ被レ爲レ在、追々奉二伺置一候通、彌時勢差迫罷在候。此場何分にも御威光を以て速に州中安堵の道、御指圖被二成下一候樣、深く奉レ願候。以上」

ロシア人の脅迫に關して、宗對馬守家來よりの上申書に記して、

「一、六月二日、船將黒瀨村へ罷越候處、近江（家老）病氣に付、孫一郎（家老仁位）遂二面會一、酒

肴等さし出し、船將より申聞候は、晝ヶ浦より芋崎迄の土地致二借用一意趣、先にイギリスより公邊へ願出居候に付、ロシアは跡に成申候。就ては將軍より御差圖有之候へば、對州の儀は子細ないと申書付請取來候はば、又評議の通可レ有レ之との事、江戸役人と應對いたし居候故、何分書付差出呉候樣との事。

英人は君を追出し候心組に候へども、魯人は約定さへ濟候へば、右樣の事は無之候との事。頃日より虎皮爲レ調朝鮮へ可二罷越一段申候へども、實は左樣にて無之、彼國へ罷越上京、國主へ對面、測量もいたし、朝鮮を討取、對州へさし上候へば、大なる大名と御成被レ成との事」

ロシア、イギリスは互ひに對馬を先取せんとして爭ひ、そのことが遂に兩者をして、共に失敗せしめるものとなつた。英國公使アルコックと、提督ホープ（Hope）とは、幕府に對しロシアの對馬占領をば、拒否することに協力しつゝ自らの占領を計畫した。

幕府はイギリスの力により、ロシア船の撤去をなさしめんとしたが、對馬の人々は、イギリス人に對しても、ロシア人同樣に大なる不信を有してゐた。

七月九日、安藤對馬守の宅にて、安藤は英國公使（コモドール）、英國提督と對馬問題に關し、對談した。

彼方「ビリレフへ退帆の儀、御談判有之候哉」

此方「退帆可」致旨は、再應談判に及ばせ候處、コモドール江戸へ相越可」申旨抔申張、更に取合不」申由に候」

彼方「ロシア船の儀は此後とも修復に事寄せ、度々可有之候」

此方「對州へは役人遣置候間、別段役人等不」及二差遣一長崎へ書狀は賴度候」

彼方「ホープ對州へ相越候ては、引合候役人無之候ては、不都合に付、長崎通詞幷役人、長崎より御乘組被下度候」

此方「對州へは役人遣有之候間、別段役人等乘組ませ候ては、ロシア方にて疑惑可」致、又此方より英へ賴候樣に取候ては、如何に付、役人等乘組ませ候儀は見合はせ可申候」

彼方「ロシア人何ぞ見込も有之候はゞ、容易に引拂申間敷、左も無之候はゞ速に引拂可」申奉存候」

此方「アドミラールには、對州へ相越、ロシア人へ如何樣の談判致し候積りに候哉」

彼方「ロシア船將へ逢、其方此處へ碇泊可」致筋無之、早々立去可申談候。先右の主意には有之候へども、夫迄には手續も有之候」

此方「此方にてもコシケヒツ（在箱館露國領事）へ申遣承知の處、又英へ賴候樣存取候ては不レ宜、其邊は被二心得居一候樣致度候」

彼方「私（アドミラル）談判仕候儀は、私存意も有之候儀にて、決して日本政府にて關係無二御座一候」

此方「軍艦を不開港へ寄せ候事、條約違背と被レ存候。右は如何の者に候哉」

彼方「政府の免許を不レ請、不開港へ碇泊致候儀は無之事に御座候」

此方「政府にて右の段、承知候はゞ、其儘には差置申間敷、被罰候儀も有之哉。尤コモドール差圖の由に候へども、如何のものに候哉」

彼方「ロシア政府の心底は相分不レ申故、被レ罰候哉否は難二申上一。一體條約取結候國へ、右樣の事有之候節は、外條約取結候國々にては、さゝへ候筋に有之候」

此方「英などには、右樣の事は無之と存候。若し船將右樣の儀致し候はゞ、政府にて罰候哉」

彼方「譬ば私此度ロシアの如く、配下の者を取扱、政府へ聞候へば、配下の者は被レ罰候儀無之、私被罰候」

幕府は村垣淡路守をして、在箱館領事コシケウイチに談判せしめ、また八月二十三日直接、ロシア外相に、抗議の書を送つた。

「以二書翰一申入候。當二月中より貴國軍艦の由にて、ビリレフと申するもの指揮致し候ポサジニカと唱へ候蒸氣船一艘、我對馬島の西港に碇泊致し、最初はその船の破損を補ひ候爲、暫時滯留致すべき趣に候間、邊鄙土地柄、木材其外もその望むところに應ずる程には至り兼候へども、其領主より相渡し、可レ成丈け扶助を加置候よしの所、言語の通ぜざるより、彼此互に行違有之、追々永引候内には、變を生じ可申哉を掛念不レ少間、我政府より別段外國奉行小栗豐後守を初、役々差遣し、其様子を見分致させ候處、貴國將士追々上陸におよび、同島芋崎古里の間に、小屋を構へ畑を作り、山道切開き、永住の目論見あるごとく相見へ候に付、船修腹出來次第早速引拂可レ然旨、同人より船將へ談判に及びし所、英佛兩國とも占據の望有之により、貴國コモドール、リハチヨフ差圖を以、同所に番のもの差置かれ、見張りの場所を致置かれ候事、その政府の望みなる趣申立、豐後守同所引去候後も、其領主に押て對面有之、右場所借受の事強て及二談判一近々引拂ふべき様子不二相見一由。

右等は貴國に於て、如何なる事情ありて、右樣の處置に及ばれ候哉難レ計候へども、箱館其外開港は勿論、北蝦夷地に付ても、其時々使節差越され、我政府において、談判におよびし儀にて、條約面の趣も有之處、今般コモドール、又は船將一己の存意を以、直に對州に至り、前條の使末に及ばれ候は、難二心得一尤無レ據次第も於レ有レ之は、貴國政府より、使節或は書翰差越され、我政府へ掛合可有之の處、更に通達等も無之、船修復の申立にて、押て其土地に永々居留いたし候事、不審に存候。

全く右コモドール、リハチヨフ限りの取計ひにして、政府には承知無之哉。船將ビリレフ一己の所存なるを、コモドール差圖の様申成し、右様の次第、差働候にや。

兎に角、右體の次第有之候ては、條約取結びし各國へ差響き、甚だ不都合の事故、又候ろ外國奉行野々山丹後守初、役々差遣し、同島に至り、右船將ビリレフ面會の上、猶引拂の事、申談じさせ候へども、此上遲滯に及ぶ時は、兼て申入の通り、當節人心不折合の折柄、別て如何樣の故障を可レ生も難レ計、然る時は遂に兩國の懇親を傷ふ樣成行可レ申も難レ計、深く心痛致候。

就ては此事もし貴國政府の主意ならば、早速コモドールおよび船將へ沙汰に被レ及、同島早々引拂候樣いたし度、若しコモドール又は船將一人の意にも候はば、一己の私より兩國の信儀を可レ失に至り、以ての外に候間、早々退帆取計られ候上、相當の所置有之樣存候。尤箱館在留貴國コンシユル、コシケウイチへも、同所奉行より右船引拂方を談判致させ候へども、彼是果取兼ね、前後難二心得一事のみ、虚實難レ計。右等重大事件においては、兩國政府の引合たるべきは當然の筋に付、此段申入候間、得と勘辨の上、早々退帆被二取計一候様致し度候。

久世大和守　花押

安藤對馬守　花押」

ロシア船は、八月二十五日――對馬を退帆するに至つた。

第四章　東禪寺打入事件

文久元年の五月上旬、イギリス公使アルコックは、下僚を率ゐて、富士に登山し、同月二十八日、江戸に歸り、高輪東禪寺の公使館に入つた。

福地櫻痴は外國方の淵邊徳藏等と共に、その前日から東禪寺に詰めた。その時東禪寺は、別手組凡そ二十餘人が警備し、中門内を守つた。

この日、公使歸館して、館內は騷がしかつた。夕刻から梅雨少しく降り、靜寂となつた。午後十時頃、警衛の者等も寢に入つた。少時するや、俄然として、本館玄關前との間に、異樣な多數の人々の叫び聲が聞えた。火事かと、人々は飛び起きるや、狼藉者、討入だと絕叫。この攘夷の人人は、水戶の志士等であつた。しかし守衛の力強く、暗夜のため志士等はすべて防がれ、公使殺害のことは成功しなかつた。

志士は十四人、書記官オリフアントは重傷、長崎領事モリソンも負傷。

齊昭の死後、水戶藩內の尊皇攘夷派に對する彈壓は益〻苛酷となり、續々と處刑せられ、かくてその志士等は脫走せざるを得なかつた。

文久元年五月二十八日——水戶の脫走者たる、有賀半彌、岡見留次郎、前木新八郎、森多門、榊鉞三郎、黑澤五郎、古川主馬之介、高畑房次郎、千葉昌平、石井金四郎、木村幸之助、池田爲吉、小堀寅吉、中村貞介、山崎信之介、中村乙次郎、渡邊幸藏、小池庄兵衞、安金之介等は、品川に集合、

――英公使アルコックの暗殺を決行したのであつた。

時に東禪寺には幕府の警衞極めて嚴重であり、松平和泉守の西尾、松平時之助の郡山の兩藩の守兵あり、當夜は暗黑にて、公使館の内部は全く不明、公使を殺すこと能はずして、有賀、古川の二人は討死し、榊は負傷して捕へられて死し、他の者はすべて逃走した。

討死せる有賀半彌の懷中には檄書あり、

「私儀不肖の身分に御座候へども、夷狄の爲に穢れ候を傍觀致候に不﹂忍、今度尊攘の大義に基き、決心仕候事に御座候。只々區々の微心、寸分に威武相立、國恩の万々一奉﹂報度との心底迄に罷出候。此度追々夷狄御退攘の基とも相成り、乍﹂恐万々一叡慮をも奉﹂安候はゞ、卑賤の身分に取、誠に以て無﹂此上﹂難有仕合に奉存候間、身命を擲罷出申候。以上。」

五　月

中村、山崎は品川にて自殺、小堀も自殺、石井も切腹せるも捕へられ囚中に死す。岡見は京畿に去り、大和義擧に加はり、京都の獄にて死す。森、前木は常陸に潛伏したが、捕へられんとして自殺。千葉、池田、中村は捕はれて囚中に死す。

黒澤、高畑は安藤對馬守坂下門の變に加はりて死す。

東禪寺事件のため、英公使アルコックの横暴は益〻甚しく、幕府は事態の破綻を恐れ、何らこれを抑制することはなく、却つて、水戸藩に對し、嚴重なる干渉をなした。

六月十六日、幕府は水戸藩に、彈壓の命令を下した。

水戸殿家老へ

御領内殘黨の者共儀に付、是迄寛大の御處置に相成居候處、今以兎角居合兼候趣に付、今般嚴重に御手配有之、悉く御召捕被成候樣被㆓仰出㆒候。就ては此上徒黨ヶ間敷儀相企候者有之においては御人數御差向、御領内にて、御取鎭、若し不法の働有之候はば、速に御討取可㆑被㆑成候。若又御遲滯候節は、御沙汰の品も可有之候間、此段可㆑被㆓申上㆒候。

六　月

六月二十四日、――水戸藩にては、執政杉浦羔二郎、肥田大助を罷任、岡田信濃守、大場一眞齋、武田耕雲齋の三長老の政務參與を免じ、謹愼せしめた。

八月中旬——物情騒然たる眞中に、ホープ提督は香港太守ハーキュルス・ロビンソンと共に到着した。提督、香港太守、公使、オリファント、その他の士官公使館員等は、日本の閣老と會見した。幕府はイギリス軍艦にて、當時對馬を占領しつゝあるロシア軍艦を擊退することを許した。

第七篇　公武合體の運動

第一章　時代の進展

井伊大老の殺害により、幕府は大動搖を來たしたが、直ちにその跡に、安藤對馬守が時局をまとめるために閣老となつた。

彼は五萬石の大名であり、安政五年八月二日、若年寄に就任、井伊大老の側近として大いに力を致した。八月二十八日には、當時井伊の最大の敵なる水戸家に對する監視をなすために、水戸家用向扱方を命ぜられた。安藤對馬守は、水戸家より勅諚返上に關し、專らその衝にあたつたのであつた。

この事は井伊に信任されること厚く、萬延元年一月十五日には、加判の列に任ぜられた。時に彼は四十二歲。まさに彼は老中の末席に拘らず、その頃の諸先輩を遙かに抜いて、最も重要なる役目を果すこととなつた。

かくて四月には松平和泉守は閣老を罷め、十一月には脇坂中務大輔もやめた。これに代り閏三月には久世大和守、六月には本多美濃守が老中に補せられた。久世は嘉永四年十二月から安政五年十月まで、阿部、堀田、井伊の三内閣に歴任せる老練の士であり、しかも井伊は自らの獨裁を行ふために彼を排斥した。

井伊なき後、安藤對馬守獨力にては到底、難局を打開すべき見込なく、今や練達の久世を閣老となしこの兩者の協力により、辛くも時態を彌縫せんとするのであつた。

井伊大老死し、水戸齊昭の勢力再び起らんとするや、半歳ならずして齊昭も歿したのであつた。齊昭は萬延元年八月十五日、水戸閑居の不遇の中、病死した。時に六十一歳。彼の心中尊皇攘夷の熱烈なる理想は火の如く燃ゆるも、すでに藤田、戸田の兩田なくして、まさにその羽翼を失ひたる如く、その晩年は、井伊一派のために彈壓され、悶々の境遇に樂しまざる時を過すのであつた。

しかし水戸光圀以來、水戸學の傳統は、齊昭の時代において、最も力強き表現と實踐とを示し、この影響は後世に對しても、甚だ深刻なるものであつた。

齊昭は全く他の佐幕派のために、悲慘なる謀略の罠に陷り、彼の有する高邁なる勤皇の精神を發揮せしめられず、却つて罪ある如くに幽居せしめられ、その內憂外患は、彼の心身を甚だ消耗せしめたのであつた。

小笠原島の調査

イギリス、アメリカは小笠原群島を太平洋侵略の前進據點としてあくまでも占領せんと、その機を窺つた。

これに對し幕府も、これを防衞せんとし、文久元年十二月三日、水野筑後守・目付服部歸一、外國奉行支配調役並田邊太一等をして、咸臨丸にて品川沖を發し、小笠原に渡航せしめた。

翌年一月上旬、咸臨丸は小笠原島に着、――この島に漂流して定住せる各國の人々を集め、この島は從來通り、日本の所領たるものにして、日本の法令を守るべしと命令した。

水野筑後守は、島内に道路を開き、その土地を調査し、官有地となし、移民に分給すべき地圖を作成した。屬吏數人を殘して、水野は三月二十七日、江戸に歸り復命した。

扇浦へ建てし碑文に

「小笠原島新はりの記

伊豆の國、八丈島の南、北緯二十七度、九重の都のひんがし、四度二十七分にあたりて、ひろきせばきそこばくのしま在りしを、東照す神のおやのおん時、文祿の二とせといふに、小笠原民部少輔貞頼、みゆるしをかうぶり、わたりそめしよし、此の島ながくしるべしとて、小笠原島といふ名を賜はりたり。されど浪路のいとあらければにやありけむ、いつしか渡り通ふことなくなりにたりしを、其後享保十三年に、彼貞頼の後なりけむ、宮内貞住、せちにこひて、又さらに渡りしかど、そのかみおほやけさまにも、御ことしげくやおはしましけむ。さしてきは〳〵しきみ定めもあらでなむやみにし。かゝるはなれ島にはあれども、固よりひとの國にしもあらぬを、いたづらにすてのみあらんには、風波はげしきわた中をゆきかふ船路のたよりもよろしからざめれば、いかでこの度は、おこたることなく斷《ここ》わりせよと、おきてさせ給ひて、水野筑後守忠徳のぬし、服部歸一常純のぬしらに、此事のをちをちつかさとらせたまひぬ。しかあるによりて、このみつかひの人々、さるやむごとなき仰ごとをかしこみ、いとすみやかに船よそひして、やがてともづなをとかれんとなり。かゝれば、このことといとなませ給ふためしを、沖津島根の石にきざみて、とこしなへにとゞめたまひつたへたまはむとあることのよしを、文久元年十二月のはじめにかしこまりてうけたまはりて、黑滿河主人春村しるす」

かくて小笠原島は、明確に日本領たることが決定せられたのであつた。

またアメリカに對しても通告を發し

アメリカ合衆國全權ミニストル、エキセルレンシー・ロベルト・エチプラインへ

以二書翰一申入候。先般貴國前公使トウンセント・ハルリスへ申入置候我國屬島小笠原島再び開拓のため外國奉行水野筑後守目付服部歸一同島へ差遣取調べさせ候處、同島には貴國人ネサネルセイボン幷セルマン國ブレメン所生にして即今英國民籍に加り居るウィヨムアレンと申者兩人漂住いたし居候に付、此度同島開拓の趣意幷持地等其儘安堵せしむる趣等申諭候處、當節島中にて別段引受取計候ものも無之、諸事規則不二相立一銘々不都合の趣申立候に付、自今同島在住の者可二心得一規則幷出入船の規則をも取極め書面相渡候處、一同右にて安心いたし、その規則を遵奉可致旨申立候始末、筑後守歸一歸府の上委細申立たり。よつて其許心得のため別紙規則書寫二通差遣候。就ては薪水食料を始め石炭其外必要の物品等追々同所へ貯蓄いたし置、以來同島近海渡航の船々便利を得せしめんとす。右の趣貴國商船鯨漁船等へも觸被レ置度、依之別紙一通相添此段申入候。拝具謹言。

文久二年八月　久世大和守

安藤對馬守

定

一、外國人共是迄切開きし畑地は其儘安堵せしむといへども自今は日本役所へ申立差圖を請べき事。

但地所讓渡さむとする時は是亦可レ受二差圖一候事。

一、漁業の場所は別段境界を不レ設日本人を打混じ可二相稼一事。

一、山にある材木類日本役人の許を得るにあらざれば伐取間敷事。

但礦石類は掘取べからざる事。

一、山野の獸類食料の外不レ可二獵取一事。

一、嫁娶死亡出生のもの一々日本役所へ可レ及レ屆事。

一、向後在島の者に便り其本國又は他國より移住の外國人あらば日本役所へ訴出可レ受二差圖一事。

但當方爲二逗留一差置ものあらば是亦可二訴出一事。

一、外國人其本國へ立歸り又は他邦へ轉住するものあらば日本政府へ訴出可レ受二差圖一事。

右の條々文久二年壬戌正月於小笠原島水野筑後守服部歸一定之者也。

小笠原島港規則

一、諸國の商船鯨漁船等港內へ碇泊の節は、其國名船號船長の名噸數乘組人數幷渡來の趣意早速日本政府へ申立、都て其役人の差圖に從ふべき事。

一、諸國の船々出入港の船稅幷輸出入の高稅は不レ及ニ差出一事。

一、港內碇泊の船々は漁業に妨あるを以て不レ可ニ發砲一事。

一、港內出入の船々水先案內のものへ定の賃銀を可拂事。

一、港內碇泊の船々乘組のもの上陸遊獵し田畑を荒し其外不法のものあらば召捕其船の船長へ引渡相當の過料を可レ爲ニ差出一候事。

一、乘組人の內當島へ在留し或は一時滯在する事を願ふものあらば其段船長より申立役人の差圖に可從事。

一、渡來の船に便り立退候在島の外國人も同斷の事

右の條々文久二年壬戌正月、於ニ小笠原島一水野筑後守服部歸一定之もの也。

佛蘭西全權ミニストル・エキセルレンシー・トセンデベレクルへ

以二書翰一申入候。我南海小笠原島渡航中絶の處、先般外國奉行水野筑後守目付服部歸一差遣再び同島を開拓し役人をも差置たり。尤も薪水食料を始め石炭其外必要の物品等追ては同所へ貯蓄いたし同島近海渡航の船々に便利を得せしめんとす、右の趣貴國商船鯨漁船等へも觸被レ置度、依之此段申入候。拜具謹言。

文久二年十月

久世大和守
安藤對馬守

阿蘭陀コンシユル、ゼネラール、エキセルレンシー・イカテウキツトルへ
魯西亞全權　コンシユル・エスクワイル・コシケウイチへ
孛漏生國　エキセルレンシー外國事務大臣へ
葡萄牙　コンシユル・エスクワイル・エトワルト・カラルクへ

何れも同文言

第二章　和宮御降嫁の御事

和宮は仁孝天皇の皇女親子内親王、孝明天皇の御妹にまします。弘化三年閏五月十日御誕生、和宮と稱し、文久元年四月十九日、内親王となられ、將軍德川家茂に御降嫁のことが決したのであつた。この御降嫁の御事は、すでに井伊大老の時代よりの問題でありこの公武合體により、幕府は自らの存立を保たんとするのであつた。

しかし始め萬延元年五月四日、主上は、幕府の御申請に對し、斷乎斥け遊ばされた。

畏くも主上は、宸翰を九條尚忠に賜ひ幕府の請願に對し謝絕せしめ給ふ。

「今度從二關東一內願の一件、右書狀公武合體の邊にて難二默止一候へども、和宮には已に有栖川宮へ內約も致候事、今更違約候も、名義如何哉。且先帝の皇女義理合も有之、斟酌の事に候。

且又和宮未だ幼年且女子の心中に、當時關東は諸外人來集、只々こはく被存候事も、兼て咄し有之、是又不便に存候。

右等の次第故、折角申來の旨、無心に理申候も如何故、熟考候へども、實實無餘儀邊に候間、此緣は先見合度候。

殊に一昨年（安政五年）來、蠻夷邊の事に付ても、何か行違の廉も有之、於關東も異心有之樣に心得、毎々公武合體の儀申立候。

右等に對しても、如何に可聞取哉と、夫も深く心配に候。

只々關東との間は、實々無隔心あんじる事は決して無用に候。

蠻夷の儀に於ては、いづく迄も不同心に候。

夫故先づ猶豫中の事に候間、前文難去次第、且日夜苦心の邊、一通り書附申聞候。萬事宜しく差含み、從尊公（九條）程よく可被爲返答候。決して返答振不廉立樣可被執計賴入候事。

内々此御趣意相含、若州（酒井所司代）へ申達

――この宸翰を拜して、あまりの大御心の程、たゞ涙あるのみである。

幕府の閣老は、更に請願を上申、六月四日、一書を九條關白に呈上した。

御趣意書の寫、謹て拜見仕候。御内々御沙汰の趣、乍レ恐御尤至極の御儀と、一同奉レ畏候儀には御座候へども、一體此度奉願候儀は、一通りの御次第にも不レ被レ爲レ在、大樹公にも品々篤き思召も被レ爲レ有候御事故、右の邊をも奉レ伺、私共に御座候ても、深く奉願候儀に御座候間、御內沙汰の趣に寄、乍レ恐御請奉二申上一候。

一、和宮御方には、已に有栖川宮へ御內約も被レ爲レ在候御事故、今更御違約に相成候ては、御名義如何と思召、且先帝の皇女の御事故、御義理合も被レ爲レ在、御斟酌の事に思召候旨、乍レ恐御尤至極の御儀には御座候へども、一體於二有栖川宮一、御内實格別御懇願被レ成候上、御內約相成候樣にも兼々不レ奉レ伺候儀、且未だ御結納も、不レ被レ爲レ濟御儀に被レ爲レ在候御事故、全く御內談中の御儀に奉レ存上一候間、御名義の邊、深く御配慮被レ遊間敷樣、奉レ存上一候。且御沙汰の通御義理合も被レ爲レ在候皇女にも被レ爲レ渡候間、御下向相成候はゞ、御保養の邊は、幾重にも御手厚に相成候樣、私共十分に丹誠仕可申候間、其邊は却て被レ爲レ對二先帝一候て、御追考の御儀かとも奉存上候。

一、和宮御方未だ御幼年に被レ爲レ渡、且御女子樣の御心中に、當時蠻夷來集の邊、只々剛《こは》く被ニ思召一候との儀、兼て御咄しも被レ爲レ在、御不便に思召との御事。右は御親情の邊、誠に以て御尤に奉存候へども、蠻船輻湊の儀は全く貿易を願候儀にて、只今鬪爭を求候樣の儀にては、更に無之。尤も兼て條約も相立有之、此上超過可致次第にも無之、萬一兵端を開き候樣の儀有之候共、固より御嚴重の御警備も有之上、御大名へ被レ爲レ命、十分に防禦も可有之候間、強て御配慮被レ爲レ遊間敷奉存上候。

一、一昨年來蠻夷邊の事に付、度々御應復も御座候事故、此度御理りに相成候ては、右邊へ被レ爲レ對、深く御心配被レ遊候へども、公武御間柄の儀は、實々御隔心不レ被レ爲レ有候旨、先以て誠に難有思召の處、謹で感佩仕候。

公武御間柄の儀は、關東に御座候ても、固より御崇敬を被レ盡候思召に御座候へども、御國中は申迄も無ニ御座一、外夷迄も此上尚更御一和の邊顯然と奉仰候樣被レ遊度と思召候儀に御座候間、此度の御緣組、龜筮の御吉兆のみに無之、必竟一天下の御治道、第一の御事にも御座候間、私共に御座候ても、偏に奉レ希候御事に御座候。

一、蠻夷の儀に於ては、いづく迄も御不同意に思食候との儀、是又御尤至極に奉伺、於ニ關東一も大樹公御始、御政務に携り候者、外夷の交易を好み候者は無之候儀、只々今日の場合、懇に貿易を願候儀に付、無法に此方より加二征討一候譯にも無之、無二餘儀一御猶豫中に相成居候儀は一昨年已來度々申上、御叡知被遊候御事と奉存上候。

必竟御縁組の儀も、第一御國内の人心一致爲レ致、追々防禦の方、嚴重の御備に可二相成一との深重御趣意の邊にも御座候間、右の邊深く御勘考被遊被下、何卒御整に相成候樣、伏て奉希候事。

五月

久世大和守

内藤紀伊守

安藤對馬守

第三章　幕府の奉答文

幕府は全く窮し、七月四日、遂に自らを僞く奉答文を、畏くも、主上に奉るのであつた。

「今度御縁談の御事、元來御不承知にも不レ被レ爲レ有、公武の御間柄に於ても、御一和上の御一和にて、御悅可レ被レ遊との御沙汰、先以難有思召の處、乍レ恐感佩仕候。乍レ併兼々每度被二仰出一候通、夷人居候地へ、御縁組の御事、衆心も動搖可レ致哉。且蠻夷の儀は、何ら道も拒絕に相成候樣との御念願故、三社へ幣使を被レ爲レ立候程の御事、並に當御代より蠻夷和親始り候ては、被レ爲レ對二神宮御始先帝一、御申譯無之、是のみ日夜深く思食御心痛被レ遊、別て先帝皇女夷人徘徊の土地へ御縁組にては、實に以て恐多く思食候御儀に付、夷人の儀は、嘉永初年頃の通の御處置にも候はば、無二兎や角一和宮へも精々御申諭、早々御熟縁も可レ被レ爲レ有候へども、此頃の形勢の儘にては、御相談も被遊兼候との御事。

御尤には奉伺候へども、外夷一條の儀は是迄も度々言上仕候儀に付、當節御所置の御趣意、兼々御叡知被遊候儀とは奉存候へども、猶又巨細に左に奉申上候。

元來蠻夷近海に近附き、追々入港の儀、慶長度の儀にて、全く今日の場合に至り候儀は、是迄も度々申上候通、何れも偏に貿易懇願致候儀に付、此方より無法に加二征討一候譯にも無之。段々の時勢不レ得レ止、交易御差免に相成候へども、實に無二御餘儀一御權道の筋にて、於二關東一當時御政務に携り候者共は勿論、上下一人も交易を好み候者は無之、方今不レ得レ止、御猶豫中に相成居追々に御戒備も御整ひに相成候上は、則ち御沙汰の通、御拒絶に可二相成一思召に御座候へども、乍レ恐一昨年以來、御行違の廉も有之、度々御往復も御座候て、國內人心不レ穩、既に水府家來法外の及二亂妨一候抔も、全く御國內一同公武の御間柄、如レ此御一和に相成居候儀を、敬承不レ仕儀より、心得違の儀も相生じ候哉に奉存候。何分內整ひ不申候ては、外征し難き儀にて、方今夷狄の者共、目前に差置、萬一內亂相生じ候ては、實に其禍害深重不測の儀、實に以て恐懼の至りと奉存候間、何卒片時も早く公武御合體一和の旨を天下に表し、御國內人心一致爲レ致、偏に外夷防禦の方へ、無二念一志し、此上彌嚴重の御備相立候上、御取計方も可有之御儀に御座候。

右の御運びに至候には、此度の御緣談の事、誠に以て、大幸の御儀と深重の御趣意にも御座候に付、是等の條々御熟察被レ遊、何卒速に御整に相成候樣奉願上候。

夷人の居候地へ、御緣組の御事衆心動搖可致哉との儀、御尤の御儀とは奉伺候へども、江戶の儀は、夷人在留仕候橫濱の地とは、行程八里も相隔り、其間六鄉川と唱へ候渡しの大河有之。右川を限り、江戶方へは、勝手に遊步不レ爲レ仕候段、既に條約も取極め有之儀に付、無レ據役人共爲二應接一罷越候儀は格別、其外の者勝手に江戶表徘徊候儀にては素より無御座候。

蠻夷拒絶の儀、御沙汰の趣にては、只今打拂にも可仕様の思食哉にも奉伺候へども、右五蠻（米英、佛、露、蘭）貿易の一條は、一時の願立にて差免候と申にも無之、兼々言上仕置候通、先年より右掛りの者共、段々心配仕り、彼が願意追々取縮め、漸やく今日の場合に定約相成候處、唯今無法に打拂等仕候譯にては、假令夷狄に候とも、一昨年御猶豫被仰出、條約も相濟み、只今手の裏を返し候様の御所置相成候ては、名節を失し、實に神國の御信義も難相立、却て御國威を被失候次第にも可有之哉、其上前條にも申上候通、御國内十分に、一致不致内に、外患相發し候ては、其虚に乘じ、内亂も可生、外夷亦其虚に乘じ可申、内外一時の擾亂相成候ては、實に御取纒めの御見据も無之、旁以て、即今動干戈候時節には無之候に付、一昨年も段々申上、御納得御猶豫相成候儀にて、其後迚も於關東種々様々御心配御工夫被爲有候事にて、御猶豫たりとも、一寸も油斷不仕、實に只今軍艦、銃砲、製造眞最中にて、決して懈怠致し居候儀にては更に無之、追々衆議を盡し、運計策候處、當節より七八ヶ年乃至十ヶ年も相立候内には、是非是非以應接引戻し候乎、又は振干戈加征討候乎、其節の御所置方に至り候ては、品々御廟算も有之儀にて、前以て斯様と取極め申上候儀は難致、尤謀略は以密爲良計候事にて、臨期應變の御所置に無之ては始終の勝利不全に付、豫め斯様と難申上候へども、何れにも、其節は屹度叡慮を被爲立、御安心に相成候樣の御所置に可㆓相成㆒。右凡その年限は、申上候へども、夫迄にも萬一彼より兵端を開き候乎。又は背㆓條約㆒候乎。又は御國制を犯し候樣の儀於㆑有㆑之は、御所置に相成候樣、一同にも精々勘考罷在候。右御運びに相成候も、國内致㆓一致㆒候儀、第一の手始にも御座候間、呉々御厚察被㆑爲㆓成下㆒、御速に御許容にて、御緣組御整ひに相成候樣、偏に奉願上候。和宮御方兼て蠻夷の儀被㆓聞召㆒、只々恐ろしく思召候儀に付、拒絕に及候上ならでは、御勸めも被㆑遊兼候との御事。御親情の邊も左も可㆑被㆑爲㆑有候へども、先日も申上候通、宮御方御保養、御守護の邊は、格別御手厚に申上候儀、且此御緣被㆑爲㆑整候上は、前條にも追々申上候通り、第一御一和の邊を、天下に表し御國内人心一致爲㆑致、終には夷狄を掃除致し、御年來の叡念を奉㆑安、全く天下泰平に至り候御基源、莫大の御事柄に有之。乍㆓御内々㆒も、此度御理りに相成候節には、天下彌々疑惑を抱き、益々一致不㆑致候節は、假令數十年相立候ても、御手の下し方も無之、内外擾亂致し候事に相成候ては、如何樣御丹精御座候ても被㆑爲㆑安㆓叡慮㆒候樣の御處置の被㆑成方も無㆓御座㆒、實に治亂の境、不㆓容易㆒御事にも御座候間、何とか御勘辨御洞察被㆓成進㆒、幾重にも御深慮被㆑爲㆑有、如何樣とか御諭し方も可㆑被㆑爲㆑有候樣、偏に奉願上候。

前條樣々の儀共申上、恐入奉存候へども、今度思召の程、御有體に被㆓仰出㆒候との御事、全く無㆓

御隔意一御内意奉レ伺候儀、則ち御一和の邊を、深く難レ有奉レ畏候。於二關東一も精々盡二粉骨一、可二相成一丈けの儀は、幾重にも丹誠仕候儀、前條追々申上候儀も、聊か取繕ひ候儀は無之、全の實情を以て、申上げ候儀にも御座候間、篤と御叡察被二成下一何卒御調縁被レ爲レ在候様大樹公御始、私共一同にも、只管奉願上候事」

第四章　御降嫁の御決定

幕府の奉答文に對し、主上は、三度の御拒否を示し給ふた。

縁組の儀に付、所存内々申述候處、尙又書取の趣承知候。夷人の儀は、大樹始め政務に携り候役役、並に上下共貿易好候人無之、何れも拒絶の方に同意の由、先以第一神國の大幸、國忠の程、悦しき事に候。乍レ去此度書取の趣も、先達已來の趣意の加註にて、無レ據次第も相聞候へども、屹度箇様と申儀も無之かと相見候。此上兎や角申出候ては、總て廉立候樣に相成りては、實に如此迄、公武一和合體候其妨げに相成候ても、殘念に候間、先此書附は何となく返し候儘、若州（所司代酒井）へやはらかに今一應可レ及二内談一、何卒一廉箇様と申義、以二實意一示談有之候はば、又々相談も可レ有レ之と存候事」

岩倉具視は、和宮御降嫁のことを、主上に御勸め申上ぐる長大なる重要な意見書を上つた。それは御降嫁御許可の聖斷を爲し給ふ一つの大いなる原因となるのであつた。

遂に主上は御降嫁を決し給ひ、八月六日、宸翰を賜はり、橋本實麗をして和宮に諭さしめ給ふた。

しかし八月八日――和宮は辭はりの書を宮中に上り遊ばされた。

「伺、扨〳〵おどろき入參らせ候。何とぞ此儀は恐入候へども、幾重にも御斷申上度願參らせ候。御上御そば御はなれ申上、遥々まゐり候事、まことに心細く御察し戴度く、吳々も恐入候へども、よろしく願入參候。折から御用心様あらせられ候樣、存上參候。めで度かしく」

主上は深く御案じ遊ばされしため、遂に、和宮は――かくまでに叡慮を惱まし奉るは、まことに恐れ多き極み、ことに勅書中に、御讓位云々の文字あり、これを拜讀すれば、寢食を安んずるを得ず、と仰せあり、御降嫁のこと御承諾あらせられ給ふた。

文久元年十月二十日――和宮親子內親王は、愈々江戶に御發輿あらせられた。和宮の國家のために、御身を犧牲にし給ふ尊き御決意を示し遊ばされて、お詠みの御歌に

惜しまじな君と民とのためならば
　身は武藏野の露と消ゆとも

ふたたびはえこそかへらね行く水の
　淸き流れはくみて知りてよ

濃州呂久川御渡りの折、土豪馬淵某が進じ參らせし一枝の紅葉を御覽ありて

落ちて行く身を知りながら紅葉ばの
　人なつかしくこがれこそすれ

また御東行の御詠として

　住みなれし都路出て今日幾日
　　急ぐもつらき東路の旅
　思ひきや雲井の袂ぬぎかへて
　　うき旅衣袖しぼるとは
　旅衣ぬれまさりけりわたり行く
　　心も細き木曾のかけはし

十一月十五日、和宮は江戸へ御着遊ばされ、十二月十一日、御入城の御運びとなつた。

第五章　幕府の誓書

十一月二十一日――岩倉具視、千種有文の二人は、城中にて、久世大和守、安藤對馬守に對し、內勅を奉じて、幕府が廢帝の企謀ありとの風說に關し、詰問するところがあつた。

老中等は極力その虛僞なる流說なることを辯疏するに汲々たるものであつた。

かくて岩倉等は、必ず幕府は誓書を上るべきことを強調した。

十二月十三日、岩倉、千種が暇乞のため登城した時、久世、安藤の兩人は、將軍家茂自筆の誓書を上り、且つ將軍の口狀を述べ、決して貳心なきを證し、さらに久世安藤等の閣老の誓書をも上つた。

「先年來度々不二容易一讒說達二叡聞一、今度御讓位等、重ねて內勅の趣、老中より具さに承り、令二驚愕一候。家茂を始、諸臣に至迄、決して右樣の心底無之條、可レ被レ安二聖慮一候。委細は老中より千種岩倉へ可㆓申入㆒候。誠惶謹言。

十二月十三日　　家茂

謹上

閣老久世、安藤の誓書

先年來猶又今度和宮樣御下向に付、不㆓容易㆒讒說達㆓叡聞㆒、御讓位等重き御內沙汰の趣、誠に以奉㆓驚入㆒候。

抑和宮樣御緣組の儀者、御懇願被㆑爲㆑在候者、近來惡意の者共、外夷に事寄、公武の御間柄を讒間致し、御政務を妨候に付、公武御一和を、天下に被㆑爲㆑示度只《ひたすら》顧御願被遊候處、叡慮不㆑被㆑替、萬端御整にも至り候に付、不臣の者共恐怖いたし、猶ほ可㆑遂㆓惡意㆒と不㆓容易㆒儀申唱へ、達㆓叡聞㆒、被㆑惱㆓聖慮㆒候段、何共無㆓勿體㆒次第、奉㆓恐入㆒候儀に御座候。關東に於ては一途に誠意を以、尊奉仕、聊か不臣の心底無之段、神明に誓ひ奉㆓申上㆒候。右の次第御明察被㆓成下㆒被㆑爲㆑安㆓叡慮㆒候樣奉二願上一候事。

右之段兩朝臣迄申上候間、宜御執成、御內々被レ達二叡聞一候樣奉願候事。

十二月　　久世大和守

安藤對馬守

更に閣老は攘夷問題に關し奉答書を上り

「七八ヶ年乃至十ヶ年の內には、攘夷の事御請有之候上は、夫々御見込の次第、計算の程、如何の事にや、兼て被二聞召一候事。

此儀右年限の頃は、條約書にも書き載せ有之候通り、條約再議の時節にも相成候儀に付、近來外夷貿易和親の御所置、御國人情に不二相叶一親睦の御趣意却て永續難レ致旨を以て、改革の儀、嚴しく及二應接一前々通に引戻候心得には御座候へども、彼國に於て承伏可レ致哉否は難レ計、猶及二強談一候へば、終に戰爭と可二相成一も難計、全體の處、御國人心一致不レ仕候に付、御猶豫相願候事に候處、右年限の內には、人心一致の御所置振も可レ有レ之、且大樹公御壯年に可レ被レ爲レ成儀に付、御英斷も可レ被レ爲レ在候はば、諸大名始め遺念も有間敷、素より勝敗は難レ期に候へば、萬一戰爭と相成候節は、江戸城は勿論、京師の儀も、大阪海よりは纔かの里數、一度に忽ち騷擾に及可レ申も難レ計、左候はば恐多き御儀には候へども、品に寄り皇居御安全も難レ計儀に付、其節に至候はば、右應接の模樣、篤と及二言上一、叡慮被二伺定一候て、決着仕候心得に罷在候事。

交易以來、何か御國益に相成候儀有之候哉、物價騰貴のみの儀に有之候哉、得失如何の事にや、兼て被二聞食一度思召候。

此儀交易の仕法、是迄の姿にては、御國益に相成候儀も少きやに相聞候へども、西洋諸州へ航海御差許相成、御國より數多の船被二差渡一候へば、御國益に可二相成一は必定の儀、且は外國の事情等委敷相分り、御爲筋相成候儀も可レ有二御座一候事。

一、海岸測量の事、

此儀外夷の申條に候へども、道理は道理、理窟は理窟に有之、既に測量を差許しの節、大意は若狹守へ申遣し候通りに有之、一體通航の海路測量致し候儀は、各國普通の法則の由、是迄渡來の船により、自國他國の海岸測量の圖面等は毎々獻上も致し、彼方に於て、更に頓首不レ仕。日本海は危難の場所多く、毎々及二難船一人命に拘り候趣を以、測量の儀相願候處、通航御差許しの上は、御斷可相成辭柄も無之。且彼方より自國他國の無差別通航御辨利の爲とて、測量圖等も許多差出候處、日本海は測量難相成、外國人の生死は、御構ひ無之抔との御挨拶にも相成兼、且は彼方にては大量を示し候處、此方小量の御取計にては、却て御武威にも拘り、且は嚴敷御斷相成候迚、通航の節に、寄々測量致し候へば、所詮も無之儀、其上御國に於て、追々大船製造相成候に付ては、測量不行屆にては、危難難計。抑測量と申候とて、海路の淺深のみ爲測候儀に無之、天地の經緯、星辰の位置、島嶼の距離等迄も實測致し候事の由。右は一科の學術にて、萬里の航海暗熟不致候ては、難叶趣に候へば、幸ひ此方の者共、爲乘組御國旗を立候上、倶に測量爲致候事に有之、外國へ被對候御所置振、差て柔弱の事とは不存寄取計候事に御座候。尤も志州海測量は御不都合の趣に付、三遠尾志州海は測量不爲致候儀に御座候事。

一、濱御殿幷御殿山の事

一、東禪寺一件の事

此儀外國ミニストル共、所々寺院へ假館宿寺、散在致し居候に付ては、取締も不置、彼等差置候場所種々談判評議中、旅宿高輪東禪寺へ、浪人共十餘人申合せ、亂入致し、右狼藉の者の內、打取召捕候へども、尙殘黨も有之趣に相聞、外國人共は、御國政不行屆の旨、品々苦情申立、此上右様の次第有之候はば、忽ち爭端を開可」申哉の場合に至り、右體無宿浪人の所業より、兵亂の世と相成候は、無謀の至りに付、彼等差置候場所出來候迄取締宜しき所へ各國人一纏めに差置候積、許容致し候處、更に相應の場所無之、濱御庭の儀は、御遊宴の場所に候へども、御外廓內には輕き御家人等住居致し、素より御庭にて、御城廓には無之、外構御締も宜敷候に付、御庭には無之、右御長屋等有之候場所へ差置候積、應接御場所一見爲」致候處、新規假御建物等不」容易」御手數と、彼等恐察仕、右體御手數相掛り候ては、恐入候間、住居の場所出來候迄、英佛人は横濱へ退居可」仕、亞人は是迄の宿寺に罷在度旨申立候に付御通り承屆候儀に御座候事。

一、外國ミニストル江戶住居の儀は、條約國の通り御差許相成候へども、御城廓近邊は勿論市中等住居致候ては、取締にも拘り候に付、住居地の儀種々及」談判」、御殿山の儀は、品川宿、大木戶外にて、江戶御府內を離れ、且海岸近故海路の往返にも、市中等に差障り少く、且各國一纏めに致し取締附候には、屆竟の地勢に有之。御殿山との名も有之候故、有之場所に差置候儀如何敷様に相聞候へども、于」今り候ては、御殿の跡地等は、民家明地等に相成り、只名のみ相存し居候事にて、且は山とは申候へども、京師の四方山の如く、江戶市中を見透し候様の御要害の儀は無之、其上御府內よりは、里數も隔り居、聊か御掛念も無之場所に御座候。實は彼方望の場所も有之候へども、種々說得候上、當の場所に取極候儀に御座候事。

一、シイボルトは疑事を謀る事

此儀文化年中渡來致し、日本の事に志深く、就レ夫不案內より御國禁犯し候に付、其節渡來差止候處、近來外夷の御所罰振も有之同人儀日本の御爲を厚く心掛候趣に付、赦免申渡し、再渡致し尙御爲筋を心掛候趣に付、江戶へ出府爲レ致、外國の風習等追々相尋候處、同人儀も厚く感戴致し、當時在留ミニストル共所行非分の儀等有之節は、盡く議論も致し、其上書面に取綴り、外國人へも相廻し候趣に有之、右故か、各國ミニストル共は勿論、第一オランダ・コンシユル・ゼネラールも居合不レ申、一體醫學質問の名目にて、呼寄候處、右樣の儀は、彼國政府へ掛合の上に無之候ては難二相成一事の趣、付ては一と通用辨も相濟候間、先達て歸帆申諭候儀に御座候事。

一、兩閣老（久世、安藤）異人兄弟の如く親みの事。此儀外夷御所置の儀に付ては、兼て叡慮の趣早く相心得、可二相成一丈だけ、叡慮に叶候樣取計度候へども、被レ爲レ對二外夷一、信義を失はれ候樣の御所置有之候はば、關東の御不取計のみにも無之、信義無レ之御政體と、外國に於て相心得候節は、則ち日本國の御恥辱に有之、實に兩端の取計振、心配苦心仕り、直々度々應接も致し、不レ得レ止儀は、何か二戶の取扱にも相聞、傍觀の者は、更に右等の心配も無之、只々懇親を結び候樣にも相心得、無心のもの、又惡意のものは、御政事を誹謗致し、一己の快談と致し、或は讒說を唱へ候儀にて、夷人の應接等、實に迷惑致し候へども、偏に御國の御爲と勉強仕居候へども、當時の御所置振にては、右樣の讒說等可二相止一條、有二御座一間敷、心配仕候事。

一、對州半國買渡の事。

最前英佛より對州の儀を望候趣、魯人長崎箱館に於て、極密の內にて、申聞候旨、右奉行共より申立候處、右樣の形勢も不二相見一候に付、其段奉行共より相達置候處、不レ計魯船對州へ渡來、船修復の申立にて、長崎滯船假小屋取建候趣、宗對馬守より申立候に付、早速外國奉行、御目附差遣し、及二應接一候處、談判難二行屆一見込に候哉、立歸、再出立も遲々致し、彼是不都合に相成終に病氣にて退役相願、其內箱館に在留罷在候魯國人コンシユルへ早々退帆爲レ致候樣嚴敷及二談判一候處、最初隱し居候へども、終に難二押包一申立の趣にては、前文英佛にて、對州を所望の趣、魯國コンシユルより、同國提督へ相咄し候處、總督如何相心得候哉、船將へ申附け、對州へ滯船爲レ致置候事實の旨申立候に付、急速退帆爲レ致候樣、再應及二強談一、卽魯船へ箱館奉行支配向の者等爲二乘組一差遣候處、速に退帆致し候手續に御座候。

尤右體魯船滯船致し候に付ては、外國も同樣の始末に及び可申哉難レ計候に付、右の趣英佛亞ミニストルへ及二談判一候處、各國にて右樣の儀有之候節は條約濟の國々へ及二通達一、國々より不法の始末及二察度一候仕來に有之趣申立候に付、則ち魯船不法の始末、彼國政府へ書翰を以申遣し、英佛亞政府へも同樣申遣し、英船は對州へ相廻し、魯船滯舶の場所へも相越し、船將を應接致し候。魯船退帆後、同國提督箱館へ渡來、江戶表へ相廻候趣、申立候處、終に渡來も不レ仕候儀に御座候」

文久二年四月七日——和宮御降嫁、公武合體のことに關し、關白九條尙忠は、勅旨を奉じ、攝家、宮門跡、非武人、地下人等に示すところがあつた。

「夷狄月に猖獗、御國威日々逡巡の儀、深く被レ惱二宸衷一、段々關東御往復有之、終に七八ヶ年乃至十ヶ年内には、是非是非以二應接征討の內一何れにも必ず可レ及二拒絕一旨言上、依之、暫御猶豫有之、右期限には、斷然可レ有二掃攘一に付、武備充實、海軍調練は勿論の事、第一全國一心一同に不二相成一候ては、蠻夷壓倒せられ難き儀に候間、先被レ開二國中一和の基源一度叡念に付、願のまま、以二皇妹一大將に被二配偶一、公武御合體を、宇內に被レ表候。深重の聖慮、遐邇に布告し、海內協和、御國威更張の機會不二相失一樣、屹度可レ回二遠略一儀と被二思召一候事」

第六章　世相の諷刺

優柔不斷にして、對米英媚態外交に終始する久世、安藤の協力による政治は時代の沈滯と紛糾とを大とするのみであつた。

文久元年八月、江戸巷說流行もの盡し。

一、出來さうで出來ないものは、林の學問、延壽淨瑠璃。
一、大きに、御苦勞なものは、西丸の下り藤（閣老內藤紀伊守）夏の自身番。
一、此節つまらないものは、吳服橋水門、番所の所替。
一、なささうで有ものは、御勘定所のどろ坊、橫濱の內證交易。
一、馬鹿なものは、端々の明店、法華の連中。

一、能く登つたものは、富士講に、御取立の役人。
一、ねの下つたものは、中歳まの髮、貳本卷。
一、表裏なものは、諸向の御達、講武所藝術。
一、こわそうで、こわくないものは、海岸の大筒、芝居の化物。
一、よわいものは、御老中に、唐カナキン。
一、つよいものは、水戸の浪人、炎天の乞食。
一、尾が出ても構はないものは、小石川の旦那、床見世の新造。
一、役にたゝぬものは、田安の御後見、中川番所。
一、氣がもめて、つまらぬものは、（異國人御固）御使番宿寺詰、夜鷹の亭主。
一、益もなきものは、（異國人屋敷）御殿山普請、借宅の新造。
一、あついものは、炎天の調練、淡島の灸。
一、したをいぢるものは、番頭組の小言、辻番の親父。
一、おかしいものは、渡船の穿鑿、稲葉の奉行。
一、ちいさくなるものは、讃岐の隱居、（井伊大老派の松平頼胤）、焼豆腐。

一、難義なものは、宿寺の御固、下人の生國。
一、すたつたものは、やつよろに（流行歌）四品の祖父さん（遠藤但馬守）
一、無益のものは、諸向の調練、川々の番船。
一、だまして取るものは、傾城の口先、西丸下の御兩人（久世、安藤）。
一、出さうで出ないものは、御成の御沙汰、棄捐の沙汰。
一、相場の下らぬものは、水野筑後（外國奉行）、市川小團治。
一、珍らしいものは、五千石御目附、百俵の長崎奉行。
一、あぶないものは、御軍艦乘試し、御職樣。
一、強そうでよはいものは、御用出役、アメリカゴロ。
一、退屈なものは、御臺場の固、末の御兩人（閣老、本多、松平）。
一、役に立ちそうで立たぬものは、雷除の鎖、見付の番人。
一、烈しそうではげしくないものは、明神下の豐後（講武所奉行大岡豐後守）、新町のころり。
一、けんのんなものは、宮樣御下向、外國人の品。
一、はやいものは、外國方の先立、切店の表。

一、安心で取込むものは、御下向の公家衆。
一、一人でりきんで居るものは、講武所の連中、門徒のかたまり。
一、善きかぜを吹くものは、神田の河内(久貝河内守)、に中村芝翫。
一、心配で遣ふものは、御供の若年寄(和宮御東下のため御迎の若年寄加納遠江守)。

安藤ぶしのちよぼくれ

ヤレ〳〵いわずとよけれど、安公(安藤閣老)なんぞは、どうしたものだよ。こんなにつまった世上の騒動、知らずにいるかへ。嘉吉なんぞのかゝアをぬすんで、身分に過たるめかけを大勢かゝへて、のらくら夷人がこわくて、およくが深いよ。おく病ばかりで、えびすの眞似して、政事をするので、諸色《しよしき》が高くて諸人が必死で、夷人がいばつて、忠臣怒て、一揆がおこつて、役人のろまで世間にくらくて、賄《わい》ろを取り込み、お金をこせへて、奥向かぢつて、金銀なんぞで、女中をだまして、御褒美もらつて、非道がつのつて、忠臣捕へて、毒害なんぞで、諸人が怒て、これではならんと水戸さん支度で、薩摩も支度で、役人あわてゝ、姉さん(姉小路)頼で、京都へのぼせて、九條關白をこせへて、宮樣なんぞの、奥樣うばつて、聟さまきどりで、京都のおかげで、大名おさへておく病たら〳〵、暮そふなんぞと、いふ氣であらうが、それですむかへ、なんぼたわけの役人ばらでも臣下の義理合、征夷の二字をば、知らずばなるめへ、當時のありさま、よくよく見ませい。十五や十六おとしもいかねへ、小僧の手際で（將軍家茂）どふなるものかへ。其上小僧も桀紂もどきに、お庭で女中のはだかの角力や、あひるを毎日四五十殺して、慰みなんぞは、あんまりあきれたさたではねへかへ。征夷のおしよくが夫ほどいやなら、京都へ返上させるがよからふ。それとも此まゝ置きたいものなら、心を入かへ武士ぎをおこして、夷人を拂て、京都が大切、日本大事と、蘭家のぬす人、異國へ送り、ほんとふ本まの、お國としたなら、諸人が歸伏し、天下は太平、うぬらもま尊の安どであらふに。扨々あきれにあきれてしまつた。先日わちきも、お禮にいつたら、新規の夷人が初めて來たとて大そな進物、用人なんぞは、犬よりけがれた、夷のおひげについてるしらみを取るやら、にこ〳〵へい〳〵、見られたざまかへ、是でも知らずに、平氣でいるなら、今にも見なせい、隱居が出かけて、天神もどきにやれ〳〵、あはれなる始末ぢやねへかへホウイ〳〵。

全卷總目次（全百卷）

（數字は既刊回數）

日本戰史篇　全三十卷

西洋戰史篇　全四十二卷

第二十六巻　海外植民地戦史
第二十七巻　南北戦争史・米西戦史
第二十八巻　クリミヤ、露土戦争
第二十九巻　中米、南米戦争
第三十巻　ギリシャ獨立
第三十一巻　⑫イタリヤ獨立戦史
第三十二巻　インド侵略史
第三十三巻　⑩普墺戦争
第三十四巻　普佛戦争史
第三十五巻　アフリカ侵略・南阿戦争
第三十六巻　⑪歐洲大戦（上）
第三十七巻　⑭歐洲大戦（中1）
第三十八巻　⑬歐洲大戦（中2）
第三十九巻　⑮歐洲大戦（中3）
第四十巻　⑯歐洲大戦（中4）
第四十一巻　⑰歐洲大戦（下1）
第四十二巻　⑱歐洲大戦（下2）

東洋戦史篇　全三十二巻

第一巻　支那上代戦史
第二巻　春秋時代戦史
第三巻　支那戦國時代
第四巻　秦始皇統一戦史
第五巻　前漢戦史
第六巻　後漢戦史
第七巻　三國戦史
第八巻　隋朝戦史
第九巻　唐朝戦史
第十巻　宋朝戦史
第十一巻　成吉思汗戦史
第十二巻　元朝戦史
第十三巻　明朝戦史
第十四巻　清朝戦史（上）
第十五巻　清朝戦史（下）
第十六巻　朝鮮戦史（上）
第十七巻　朝鮮戦史（下）
第十八巻　インド古代戦史
第十九巻　西域諸國戦史
第二十巻　近代インド戦史
第二十一巻　帖木兒戦史
第二十二巻　㉑南洋民族侵略戦
第二十三巻　南洋白人搾取史
第二十四巻　㉚上代太平洋闘
第二十五巻　㉛太平洋近代史
第二十六巻　㉜太平洋侵略史（1）
第二十七巻　㉝太平洋侵略史（2）
第二十八巻　㉞太平洋侵略史（3）
第二十九巻　㉟太平洋侵略史（4）
第三十巻　㊱太平洋侵略史（5）
第三十一巻　㊲太平洋侵略史（6）
第三十二巻　㊳太平洋防衛史（1）

世界戦史篇　全四巻

第一巻　㉖一九三六年（1）
第二巻　㉗一九三六年（2）
第三巻　㉘一九三七年（1）
第四巻　㉙一九三七年（2）

綜合篇　全十巻

第一巻　原始時代闘争史
第二巻　人類經濟闘争史
第三巻　人類理論闘争史
第四巻　人類自然闘争史
第五巻　人類文化闘争史
第六巻　人類生活闘争史
第七巻　人類政治闘争史
別冊　世界史概観　全三巻

世界興廢大戰史

東洋戰史 第三十二卷 太平洋防衛史(1)

國民版

出版會承認い260393

昭和十八年九月廿五日印刷
昭和十八年九月三十日發行
(發行部數三、一五〇部)

定價金貳圓五拾錢

著者 仲小路彰
東京都京橋區銀座五ノ三

發行者 清水宣雄
東京都麴町區有樂町一ノ十四

印刷者 中村伯三
東京都麴町區有樂町一ノ十四

印刷所 (東東四二)株式會社 大參社

發行所 東京都京橋區銀座五ノ三 小野ピアノ
世界創造社
會員番號一一四〇一三番
電話銀座(57)二七八五番
振替東京一一六一四二番

配給元 東京都神田區淡路町二丁目九番地
日本出版配給株式會社

已資紙規第一八五號 東京府規格外許可

著者略歴

仲小路　彰（なかしょうじ　あきら）

明治34年（1901）東京生まれ。父、廉（第３次桂・寺内国内閣の農商務大臣）の次男。

大正６年（1917）第五高等学校入学、大正13年、東京帝国大学文学部哲学科卒

大正11年（1922）東京帝大在学中に、長編戯曲「砂漠の光」を新光社より刊行。

昭和12年（1937）～16年「図説　世界史話大成」全10巻を高志書房より刊行。

昭和13年（1938）～16年「日本世界主義体系」全12巻中６巻を世界創造社より刊行。

昭和13年（1938）～18年「世界興廃大戦史」全121巻中43巻を世界創造社より刊行。

昭和16年（1941）㈶日本世界文化復興会（終戦後、文化建設会と改称）を設立。

昭和19年（1944）山梨県山中湖村に疎開。

昭和20年（1945）「我等斯ク信ズ」を執筆、配布。陸海軍に「承詔必謹」を説き、米ソ冷戦時代を予告し戦後復興の方向を示す。

昭和21年（1946）渋沢敬三・川添浩史等と㈶文化建設会の地球文化研究所設立。

昭和22年（1947）恒久平和確立のため地球主義（グローバリズム）を提唱。

昭和25年（1950）「日本経営計画」を地球文化研究所より刊行。

昭和31年（1956）～34年「ロシア大革命史」全12巻をロシア大革命刊行会より刊行。

昭和43年（1968）「未来学原論」を地球文化研究所より刊行。昭和48年に再刊。

昭和48年（1973）～50年「聖人伝シリーズ」全６巻を地球文化研究所より刊行。

昭和51年（1976）～59年「地球世界芸術史」「地球社会変革史」等を地球文化研究所より刊行。

昭和59年（1984）９月１日、半生を過ごした山中湖村で死去。享年83歳。

太平洋防衛史《たいへいようぼうえいし》

2015年11月25日　復刻版第１刷発行　ISBN978-4-336-05985-7

著者　仲小路　彰

発行者　佐藤今朝夫

〒174-0056 東京都板橋区志村１-13-15

発行所　株式会社　国書刊行会

TEL.03(5970)7421(代表)　FAX.03(5970)7427

http://www.kokusho.co.jp

印刷・㈱エーヴィヴシステムズ　製本・㈲青木製本

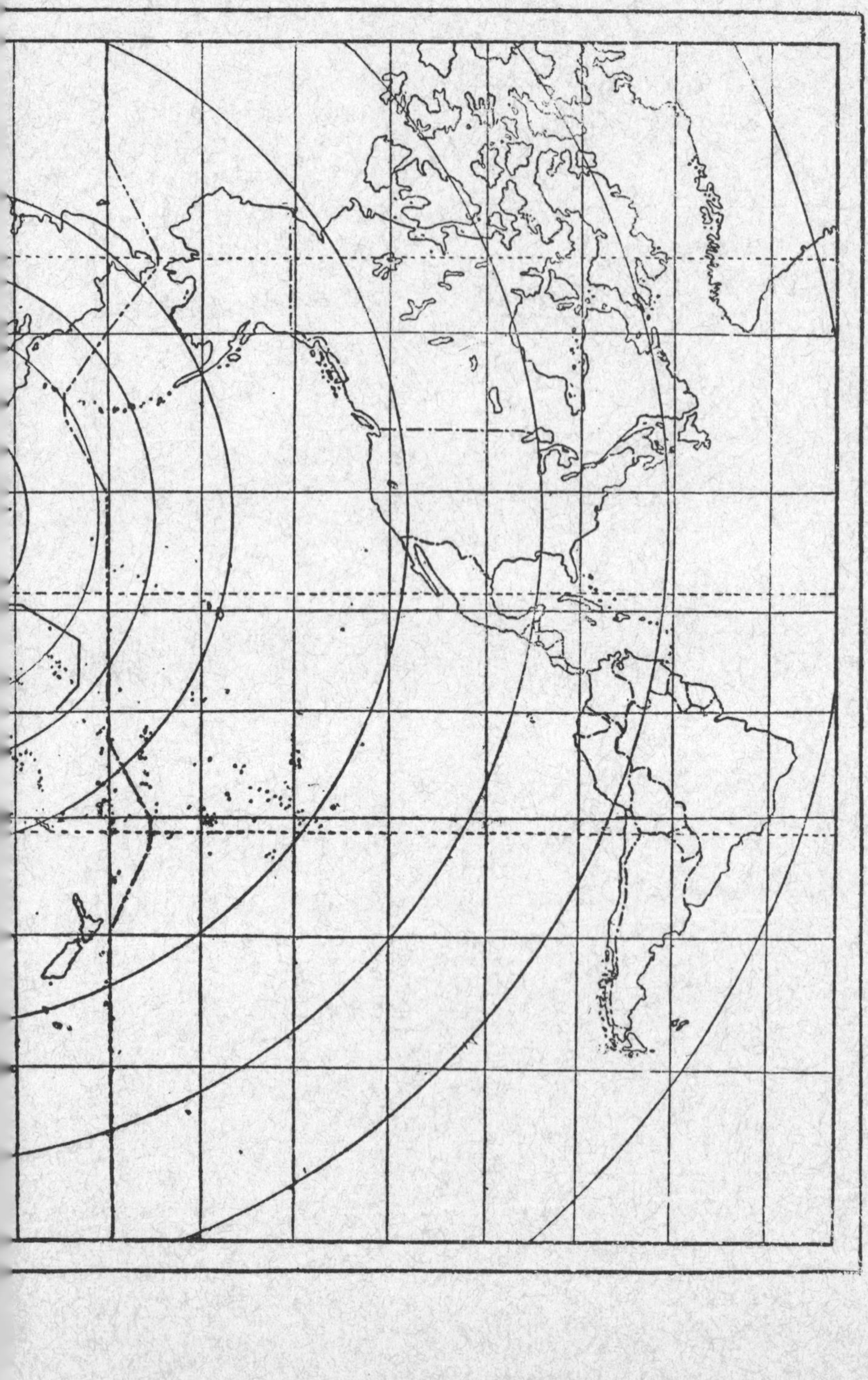